인식, 존재 그리고 세계

- 칸트 『순수이성비판』에 입각하여

저자 박수범(朴修範) 1979년 生

現 울산대학교 철학과 객원교수
前 부산대학교 시간강사
前 일본 칸트 협회 편집위원회 편집간사
규슈대학 대학원 인문과학부 철학 · 철학사 연구실 박사
규슈대학 대학원 인문과학부 철학 · 철학사 연구실 석사
부산대학교 인문대학 철학과 학사

인식, 존재 그리고 세계
- 칸트 『순수이성비판』에 입각하여

2017년 9월 10일 초판 인쇄
2017년 9월 15일 초판 발행

지은이 | 박수범
펴낸이 | 이찬규
펴낸곳 | 북코리아
등록번호 | 제03-01240호
주소 | 13209 경기도 성남시 중원구 사기막골로 45번길 14 우림2차 A동 1007호
전화 | 02-704-7840
팩스 | 02-704-7848
이메일 | sunhaksa@korea.com
홈페이지 | www.북코리아.kr
ISBN | 978-89-6324-561-4(93120)

값 15,000원

* 이 도서의 국립중앙도서관 출판예정도서목록(CIP)은 서지정보유통지원시스템 홈페이지(http://seoji.nl.go.kr)와 국가자료공동목록시스템(http://www.nl.go.kr/kolisnet)에서 이용하실 수 있습니다. (CIP제어번호: CIP2017023086)

인식, 존재 그리고 세계

- 칸트 『순수이성비판』에 입각하여

박수범 지음

북코리아

범례

1. 칸트 저작으로부터의 인용은 아카데미판 칸트 전집을 사용하며, 그 권수를 로마 숫자로, 또한 쪽수를 아라비아 숫자로 본문 중에 표기한다.
2. 다만, 『순수이성비판』으로부터의 인용은, 관례에 따라, 초판을 A, 제2판을 B로 그 쪽수를 표기한다.
3. 칸트로부터의 인용문 중에 있는 굵은 글씨에 의한 강조 및 [ ] 안의 보충은, 특별히 말이 없는 한 필자에 의한 것이다.
4. 주에 대해서는 각주로 표기되어 있다.
5. 본서에서는 'transzendental'의 번역어로 '초월론적'을 사용하고 있으나, '선험(先驗)적'/'정험(定驗)적'/'선정험(先定驗)적'/'선가험(先可驗)적'/'초월적' 등으로 옮길 수도 있을 것이다. 이에 관해서는 독자 각각의 판단에 맡기고자 한다. 또한 'a priori'의 번역어로서는 '선험적'이, 'transzendent'의 번역어로서는 '초월적'이 사용된다.

서론

> "공간 내지는 시간에서 직관되는 모든 것, 따라서 우리에게 있어서 가능한 경험의 모든 대상들은 현상들 즉 한낱 표상들과 다름없고 … 우리 사유의 밖에서는 그 자체로 정초된 어떠한 현존도 갖지 않는다. 이러한 학설을 나는 **초월론적 관념론**이라고 명명한다."
> (A490f.=B518f., 강조는 칸트).

이처럼 칸트 자신이 명시적으로 말하고 있는 초월론적 관념론이란, 대상의 존재를 인식하는 주관으로부터 정초하고자 하는 것이다. 이 경우의 초월론적 관념론은 존재를 관념 내지 의식에 환원하고자 하는 철학인 것처럼 보인다. 그렇지만 칸트의 초월론적 관념론의 사정(射程)은, 이처럼 칸트가 정의적으로 말하는 것만으로 끝난다고 할 수 있을까. 본서는 위와 같이 칸트가 말하고 있는 초월론적 관념론의 잠재적인 의미를 밝히기 위해서, 칸트가 명시적으로 말하고 있지 않은 함의를 적극적으로 논의의 도마 위에 올리고 있다. 바꿔 말하면,

칸트가 간접적 내지 암묵적으로 말하고 있는 것들을 귀 기울여 들으려고 한다.

1. 관념론과 실재론 사이

우리가 세계를 어떤 방식으로 파악하려 할 때, 세계를 바라보는 여러 가지 관점은, 최종적으로는 관념론인가 아니면 실재론인가라는 물음에 직면하게 되지 않겠는가? 즉 관념론과 실재론은, 우리가 세계를 이해하기 위한, 말하자면 가장 근본적인 입장으로서 근저에 놓여 있다고 말할 수 있겠다. 그래서 관념론인가 실재론인가에 따라, 그 철학자 혹은 그의 철학 그 자체가 세계를 근본적으로 어떻게 바라보고 있는지가 밝혀지게 될 것이다.

칸트의 인식론을 해석할 때에도, 우리는 의식적이든 무의식적이든 관념론과 실재론의 구별을 항상 염두에 두지 않을 수 없다. 지금까지 칸트 철학의 해석사에 있어서도, 칸트의 기본 입장을 관념론적인가 실재론적인가의 어딘가에 정위하여 밝히려는 경향이 일반적이었다고 생각한다. 즉 얼핏 보기에, 우리에게는 다음과 같은 두 개의 선택지만 허락된 것처럼 보인다.

① 관념론적 해석: 칸트의 인식론은 대상 혹은 세계를 전부 관념에 환원하려고 한다.

② 실재론적 해석: 관념 안의 대상과 세계는 이미 그 배후에 자체적인 존재를 암묵적으로 전제하고 있다.

하지만, 본서는 관념론인가 실재론인가라는 양자택일의 문제로서 칸트 인식론을 해석하고자 하는 것이 아니다. 오히려 본서는 칸트의 초월론적 철학이라는 것이 도대체 어떤 의미에서의 인식론 혹은 존재론인가라는, 보다 근본적인 관점에서 다시 한 번 칸트 철학을 물어보려 한다. 바꿔 말하면, 다음과 같은 관점에서 칸트의 경험 이론을 되물어 보고 싶다. 애초부터 칸트의 경험 이론이라는 것이 관념론인가 실재론인가라고 하는 질문 방식에 의해 해석하는 것이 가능한가? 과연 칸트의 초월론적 관념론은, 경험(인식)을 접점으로 하여 분리될 수 없이 엮여 있는 우리 자신과 대상과 세계에 대해서, 무엇을 가르쳐 주는가?

경험이라는 것은 우리와 대상 혹은 세계 사이의 해우이지만, 그러한 만남은 우리가 그것을 자각적으로 알아챌 때에는 이미 일어나 버렸고, 또한 항상 일어나고 있다. 그러한 우리와 대상 혹은 세계의 원초적인 관계 그 자체에 대하여, 그것이 가능한 근거를 문제화하기 위해서는, 예를 들면 후설의 현상학처럼 세계에의 참여를 일시 중단하지 않으면 안 된다고 말할 수 있을지도 모르겠다. 그렇다고 한다면, 칸트의 인식론을 물을 경우에 우리는 경험적인 차원으로부터 초월론적인 차원까지 거슬러 올라가지 않으면 안 될 것이다. 그리고 그때는 이미 세계에 휩쓸려, 서로 얽혀 있는 우리와 여러 대상을 분명 초월론적인 시점에서 바라보게 될 것이다.

그러나 본서의 목적은 초월론적인 차원을 경험적인 차원으로부터 명확하게 구별한 뒤, 그 초월론적인 차원의 높은 곳에서 경험적인 차원의 구석구석까지 비추고자 하는 것에 있지 않다. 오히려, 본서는 초월론적인 차원에 거슬러 올라감으로써 비로소 열려 온다고 여겨지는 원초적인 차원을 밝히려고 시도한다. 그리고 그로 인해 희미하게 보여 오는 원초적인 차원이 완전히 새로운 것이 아니라, 사실은 초월론적 차원에 거슬러 올라가기 위한 출발점이었던 경험적인 차원, 바로 그것에 이미 숨겨져 있었고 항상 표리관계를 이루고 있었다는 것을 칸트의 인식론 그 자체로부터 찾아내 보려 한다.

2. 인식 문제와 존재 문제, 그리고 지각

이상과 같은 본서의 기본적인 입장을 밝히기 위해, 인식과 존재의 관계라는 관점에서 『순수이성비판』을 고찰한다. 인식과 존재의 관계라는 문제는 또한 관념론과 실재론의 관계 및 차이라는 문제이기도 하며, 게다가 가능성과 현실성의 관계 여하라는 문제이기도 할 것이다. 그리고 이러한 문제들을 고찰함으로써, 과연 칸트는 인식과 존재의 관계를 어떻게 생각하고 있었는가라는 근본적인 문제를 내다보는 것이 가능함과 더불어, 본서가 지향하고 있는 지점도 조금씩 보이게 될 것이라고 생각한다.

본서의 제1부는 네 개의 장으로 구성되어 있다.

먼저 제1장에서는, '물자체' 및 '촉발'이라는 칸트 인식론의 근본적인 아포리아에 대하여 고찰한다. 왜냐하면, 종래의 해석이 칸트의 기본 입장에 대하여 관념론인가 실재론인가의 양자택일을 강요했던 근본적인 요인은 '물자체' 및 '촉발'의 문제에 대한 해석에 기인하기 때문이다. 그 종래의 해석이란 다음과 같은 것이다.

① 촉발이란 촉발하는 것으로서의 물자체의 존재를 먼저 인정하지 않으면 안 되는 사태라고 간주하고, 그리하여 칸트 인식론의 근저에 실재론을 놓고자 하는 해석
② 칸트 철학의 정합성이라는 관점에서 촉발이라는 사태 그 자체를 제거하여, 칸트의 인식론을 철저한 관념론으로 파악하고자 하는 해석

하지만 본서에서는 촉발이라는 사태는 물자체의 존재를 전제하는 것이다라고 보는 해석의 착오를 지적하면서, 촉발이라는 것이 애당초 어떠한 사태인가를 다시 새롭게 묻는다. 그렇게 함으로써 관념론인가 실재론인가라는 양자택일적인 문제 설정 그 자체의 극복을 목표로 한다. 그리고 이 극복의 과정에 있어서 칸트의 초월론적 관념론의 고유한 의미도 또한 밝혀질 것이다.

촉발 문제의 음미를 통해, 칸트의 초월론적 관념론은 일반적인 의미에서의 관념론 및 실재론으로는 파악할 수 없는 독특한 측면을 가

진다는 것이 밝혀지게 된다. 그러한 사실은 또한, 초월론적 관념론에서 인식과 존재의 관계는 한쪽을 다른 쪽에 일방적으로 환원하는 관계로 간단하게 끝나지 않음을 의미할 것이다.

칸트의 초월론적 관념론에서의 이러한 인식과 존재의 긴장 관계를 염두에 두면서 제2장에서는, 종래의 철학에 있어서 스캔들이기도 했던 외적 대상의 존재 문제에 대하여 과연 칸트 인식론은 어떠한 답을 제시하고 있는가를 확인한다. 즉 『순수이성비판』 제1판의 「초월론적 변증론」, 「제4오류추리」와, 제2판의 「관념론논박」 및 그에 대한 「서문」의 주를 비교 검토하여, 외적 대상의 존재에 대한 칸트의 입장을 밝힌다. 그리하여, 지금까지 일반적으로 인정되어 왔던 칸트의 초월론적 관념론에 대한 해석을 다시 한 번 새롭게 물어보고자 한다.

나아가서 제3장에서는, 인식과 존재의 관계에서 한 축인 존재 그 자체에 초점을 맞추면서 양자의 관계에 대하여 더 깊이 들어가 고찰한다. 칸트의 '존재' 개념은 '현존재', '현실성', '현존'이라고도 바꿔 말해지면서, 『순수이성비판』 전체에 걸쳐 중요한 의미를 가진다. 그러한 '존재' 개념을 더듬어, 칸트의 경험 이론이 갖는 존재론으로서의 가능성을 캐낸다. 그리고 또한, 현상이라고 불리는 대상 · 사물 · 객관 등의 존재자와, 존재 그 자체가 갖는 미묘한 차이를 해명한다. 그로 인해 인식과 존재에 대한 칸트의 입장이 보다 명확하게 된다.

칸트의 '존재' 개념을 주제화함으로써, 나아가 '지각' 개념의 중요성이 떠오르게 된다. 제4장에서는 그 '지각' 개념을 고찰한다. 우선, 『프로레고메나』에서의 경험판단과 지각판단을 비교 검토하여 인식과 지각의 차이를 두드러지게 한다. 다음으로, 종래의 '지각' 개념이 초월론적 관념론에서 어떻게 새로이 파악되어 있는가를 확인한다. 나아가 존재 문제에 있어서 지각의 중요한 자리매김을 밝힌다. 그리하여, 수면 밑에 있어서 알아채지 못했던 지각의 또 다른 측면이 불투명한 상태로 떠오르게 될 것이다.

3. 초월론적 관념론과 세계

위와 같이 본서의 제1부에서는 인식과 존재의 관계에 대한 고찰을 통해 초월론적 관념론의 고유한 의미가 밝혀지고, 그로 인해 다음과 같은 것을 알아차리게 된다. 즉, 처음부터 「초월론적 감성론」과 「초월론적 분석론」만을 시야에 두는 한, 칸트 경험 이론의 핵심 사상을 파악하기가 곤란하다는 것이다. 따라서 네 개의 장으로 이루어진 본서의 제2부에서는 「초월론적 변증론」의 '세계(Welt)' 개념까지 적극적으로 시야를 넓힘으로써, 그곳에서의 인식과 존재에 대한 '세계' 개념의 관계 및 초월론적 관념론 그 자체에서 '세계' 개념이 갖는 의의에 대하여 해명하려 한다.

칸트는 「초월론적 분석론」을 '진리의 논리학'으로 자리매김하는데 반해 「초월론적 변증론」은 '가상의 논리학'으로 부르고 있다. 이에 따르면, 『순수이성비판』에서 칸트 인식론의 핵심은 「초월론적 분석론」에 있고, 「초월론적 변증론」은 단지 종래의 독단적인 형이상학에의 비판만을 주제로 하는, 이차적이고 소극적인 의의밖에 갖지 않는 것처럼 보인다. 그러나 종래의 형이상학에 대한 비판은 어디까지나 칸트 자신의 철학적 입장에 의한 것이고, 그러한 한 「초월론적 변증론」은 분명 초월론적 관념론에 대한 이해를 깊게 하기 위한 중요한 단서가 된다.

따라서 우선 제5장에서는 '초월론적 객관' 개념을 음미한다. 경험적 객관(대상)과 대비되는 '초월론적 객관'은 '초월론적 대상'이라고도 바꿔 말해지면서, 『순수이성비판』 전체에 걸쳐 중요한 역할을 지니고 있다. 그러나 종래의 일반적인 해석에서는 주로 「초월론적 감성론」과 「초월론적 분석론」에 있는 초월론적 객관만이 문제화될 뿐, 「초월론적 변증론」에 있는 초월론적 객관은 도외시되는 경향이 강했다고 말할 수 있겠다. 「초월론적 감성론」과 「초월론적 분석론」에 한정된 종래의 일반적인 해석은, 물자체를 의미하는 것처럼 보이는 전자의 초월론적 객관과 '대상 일반'을 의미하는 후자의 초월론적 객관 각각을 서로에 환원하고자 하는 것이었다. 그리고 그러한 해석의 밑바탕에는, 칸트 인식론을 관념론인가 실재론인가라는 극단적인 입장에 환원하려고 하는 목적이 있었던 것이다.

그러나 본서는 우선 출발점으로, 「초월론적 감성론」과 「초월론적 분석론」 각각에 있는 '초월론적 객관' 개념이 갖는 다의성을 인정한다. 그 후에, 「초월론적 감성론」에 있는 초월론적 객관의 참된 모습이 「초월론적 분석론」에서가 아니라 오히려 「초월론적 변증론」의 초월론적 객관에 입각해서만 비로소 밝혀진다는 것을 제시하려 한다.

제6장에서는, 제1장부터 제5장까지 논의된, 칸트의 경험 이론에서의 인식과 존재의 관계에 잠재적으로 깊이 관련하고 있는 '세계' 개념을 주제화한다. 세계의 인식 및 세계의 존재에 대한 입장이야말로 초월론적 관념론을 간접적으로 증명한다고 칸트는 말하고 있다. 하지만 여기에서 간접적이라는 것은 그 내용이 이차적임을 의미하지 않고, 오히려 간접적으로 제시하기 때문에 초월론적 관념론의 새로운 모습이 밝혀지게 될 것이다.

따라서 우선, 칸트가 세계의 존재 및 인식에 대한 종래의 잘못된, 하지만 뿌리 깊은 생각(철학이든 비철학이든)을 어떻게 비판하고 있는가를 확인한다. 다음으로, 종래의 형이상학으로부터 자연스럽게 생기는 세계에 대한 이율배반을 칸트의 초월론적 관념론이 어떻게 해결하고 있는가를 밝힌다. 그로 인해 세계의 인식 및 존재를 둘러싼 종래 철학과 칸트 철학의 근본적인 차이가 어디에 있는가 또한 밝혀지게 된다. 더 나아가, 오성 개념이 아닌 이성의 '이념(Idee)'인 '세계' 개념이 초월론적 관념론에서 갖는 함의를 캐내고자 한다.

이와 같이 제6장은, 칸트가 세계의 인식 및 존재에 대하여 어떠한 입장에 서 있는가를 밝히고 있다. 바꿔 말하면, 우리는 처음부터 초월론적 관념론이라는 칸트 자신의 철학적 입장에 정위해서 세계를 보려 했던 것이다.

하지만 제7장에서는, 바로 그 '세계' 개념이 칸트의 경험 이론 그 자체 안에서 어떠한 위치를 차지하고 있는가라는 문제에 들어가도록 한다. 현상의 인식 문제 및 존재 문제와 세계가 어떻게 관련하고 있는

가를 해명하고, 그로 인해 칸트의 경험 이론에서 '세계' 개념이 갖는 중요한 위상이 보다 명료하게 된다. 그리고 나아가서는 초월론적 관념론과 세계가 어떻게 관계하고 있는가라는 문제까지 고찰을 진행한다. 그 고찰을 통해 경험의 가능성에 대한 물음 그 자체도, 그리고 또한 그 물음에 답하는 칸트의 경험 이론조차도 애초에 '세계' 개념을 지반으로 해서만 가능하다는 것을 주장하려 한다.

그런데, 칸트의 경험 이론에 있어서 '세계' 개념이 지니는 의의를 검토함으로써, 경험의 '진리'에 관한 논의의 해석도 새로운 측면을 보여 주게 된다. 위에서 확인하였듯이, 칸트의 경험 이론에 대한 종래의 일반적인 해석이 「초월론적 변증론」을 도외시하고 「초월론적 분석론」에만 초점을 맞추는 경향이 강했던 요인은 다음과 같다고 생각된다. 즉, 칸트는 「초월론적 분석론」을 진리의 논리학으로 여기고 「초월론적 변증론」을 가상의 논리학이라 여겼기 때문과 다름없다.

따라서 제8장에서는, 『순수이성비판』에서의 '진리' 개념에 대하여 고찰한다. 칸트는 진리란 인식과 대상의 합치라고 되풀이하여 말하고 있는데, 진리가 인식과 대상의 합치라고 하는 것은 무엇을 함의하고 있을까? 물론 진리가 인식과 대상의 합치라는 생각은 칸트가 스스로 내세운 것이 아니다. 하지만 칸트는 이러한 종래의 일반적인 진리관을 스스로의 경험 이론에서 답습하고 있는 것이 아니라, 오히려 그의 고유한 '진리' 개념을 새롭게 내세우고 있음을 우리는 확인할 수 있다. 그러기 위하여, 「초월론적 분석론」이 동시에 진리의 논리학이라고 말해지는 연유 그 자체를 음미한다. 그것을 통해 다음의 것들이 밝혀지게 된다고 생각한다. 하나, 「초월론적 분석론」에서의 진리론은 단지 칸트 진리론의 한 측면에 머물러 있다는 것. 둘, 「초월론적 분석론」이 곧바로 진리의 논리학이 되는 것이 아니라, 그의 진리론은 암암리에 「초월론적 변증론」에서의 '세계' 개념을 전제하고 있다는 것. 셋, 세계 이념을 시야에 넣음으로써 비로소 칸트 진리론의 전체 모습이 보인다는 것.

위와 같이 초월론적 관념론 그 자체의 생성 및 구조에 관계하는 문제들을 고찰함으로써, 우리는 초월론적 관념론으로서의 칸트 인식론에서 적어도 다음의 두 가지 사항을 간파할 수 있을 것이다.

① 칸트의 경험 이론은 어디까지나 우리 인간의 입장에 서서 사물과 세계를 그리려고 한다. 그러한 한 칸트 인식론은 분명 관념적인 측면을 갖지 않을 수 없지만, 그렇다고 해서 일반적인 의미에서의 관념론도 아니고, 하물며 그 반대편에 있는 일반적인 의미에서의 실재론도 아니며, 오히려 관념론과 실재론 사이에 자리잡는 이론이다.

② 칸트 인식론은 경험의 가능성을 초월론적으로 물음으로써, 그 물음의 출발점이었던 경험 그 자체로부터 멀어져 버리도록 우리들을 유도하지 않는다. 오히려 칸트 인식론은 우리의 의식을 탈것으로 해서 다시 한 번 경험의 지반인 세계에 돌아오고자 하는 철학이다.

차례

1부 인식과 존재

1장
촉발 문제

1. 들어가는 말

"왜 없음이 아니라 오히려 어떤 것이 있는가?"[1] 이 물음에 걸려 있는 대상은 '어떤 것'이며, 그 대상이 '있다'라고 하는 것의 근거가 '왜'로서 물어지고 있다. 즉 어떤 것이 무(無)가 아니라 존재하고 있다고 말할 수 있는 근거는 어디에 있고, 나아가서 우리 인간은 애초에 그러한 근거조차 확보할 수 있는가 어떤가를 묻고 있다.

하이데거는 위와 같은 물음을 형이상학(철학)의 근본적인 물음으로 여기고 있는데, 과연 칸트 철학은 이 물음과 어떻게 관계하고 있을까?[2] 이 장에서는, 칸트가 『순수이성비판』에서 '사물'을 어떻게 생각하며, 그렇게 생각된 사물이 '존재하고 있다'라고 말할 수 있는 근거를 어디에 구하며, 그리고 그러한 근거를 무엇에 기초하여 확보할 수 있었는가를 고찰한다.

그러기 위해서 이 장의 구성은 다음과 같이 된다. 먼저 제2절에서, 우리 인간이 경험의 대상에 대하여 소박하게 취하고 있는 '경험적' 태도와, 초월론적 반성을 수행하는 칸트의 '초월론적' 태도의 차이를 밝힌다. 다음 제3절에서는, 초월론적 반성에서의 칸트의 현상 개념을, 물자체와 예지체(叡智體) 개념의 관계를 통해 보다 자세하게 검토한다. 제4절에서는, 칸트에게 '사물이 존재하고 있다'라고 하는 것의 근거는 어디에 있는지를 확인하고, 그러한 근거에 대한 종래의 상반하

---

1 Leibniz (1917, 62).

2 Heidegger (1955, 21-23).

는 해석을 음미한다. 마지막으로 제5절에서는, 칸트가 무엇을 전제로 해서 사물의 존재 근거를 확보하는 것이 가능했는지를 확인하고, 그 전제의 내실까지를 칸트의 경험 이론으로부터 밝히도록 하자.

2. '경험적' 태도와 '초월론적' 태도

우리는, 초월론적 반성을 포함한 어떠한 철학적 반성이든 그것을 행하기 이전에 이미 대상과 관계하면서 생활하고 있다. 그렇다면 우선, 우리는 일상에서 접하고 있는 대상의 존재를 어떻게 이해하고 있는지를 보도록 하자.

칸트는, 우리가 어떠한 철학적 반성에도 앞서서 이미 대상에 대하여 취하고 있는 '경험적' 태도를 장미와 물방울의 예를 들어서 다음과 같이 설명하고 있다. 즉 ① 장미 자체와 장미의 색을 / ② 물방울과 무지개를 각각 대비시키면서, 장미 자체와 물방울은 '경험적' 의미에서 '물자체'(혹은 '사상(事象) 자체')고, 한편 장미의 색과 무지개는 '경험적' 의미에서의 '현상'으로 여겨진다고 한다. 왜냐하면 장미의 색과 무지개는 사람 각각에 따라서 주관적으로 다르다고 해도, 장미 자체와 물방울은 객관적이며 사람 일반에 통용되기 때문이다(A29f.=B45, A45f.=B62f., B70Anm.). 즉 '경험적' 태도에서는 장미와 물방울이, 그것들을 보는 주관과 상관없이 불변한다는 것에 근거하여, 우리와 무관하게 독립된 자체적인 존재로 이해되어 버린다. 그에 반해서, 장미의 색과 무지개는 "사물들〔장미와 물방울〕의 성질이 아니라, 우리 주관의 단순한 변모"(A29=B45)이기 때문에, 장미의 색과 무지개는 단지 겉모습으로서의 현상으로 여겨지는 것이다.

그렇다면 '초월론적' 반성을 행하는 칸트에게, '경험적' 태도에서의 물자체와 현상의 구별은 어떻게 되는가? 칸트에 의하면, '경험적' 태도에서 물자체로 여겨진 사물은, '초월론적' 태도에서 보자면 실은 "단지 우리 감성의 현상"(A30=B45)과 다름없다. 즉 '경험적' 태도에서 현상(장미의 색/무지개)과 대비되었던 물자체(장미/물방울), 바로 그것이 '초월론적' 태도에서는 현상으로 새롭게 파악되는 것이다. 그렇다면 '초월론적' 태도에서 현상으로 새롭게 파악된, '경험적' 태도에서의 물자체는 어떠한 의미에서 현상이라고 불리고 있을까?

칸트에 따르면 "대상들은 감성을 매개로 해서 우리에게 **주어지는**(gegeben)"(A19=B33, 강조는 칸트) 것이며, 그 감성은 "필연적으로 이러한 객관들 전부의 직관들에 대하여 선행한다"(A26=B42). 즉, '경험적' 태도에서의 물자체는 '초월론적' 태도에서 보자면 결코 주관과 무관한 자체적인 존재가 아니라, 감성을 통해서 이미 주관과 관계를 갖고 있는 현상인 것이다. 이처럼 주관에 후험적으로 주어지는 대상은 감성을 통해서만 직관되며, 그리고 대상을 수용하는 감성의 선험적 형식이 다름 아니라 공간과 시간인 것이다(A42=B60).[3] 따라서 '경험

---

3 페이튼은 우리는 물자체에 대해서 아무것도 알 수 없기 때문에, 물자체가 공간과 시간 안에 있는 것인지 아닌지는 유보된다고 말하고 있으나, 위의 인용문에 의하면 물자체가 공간 · 시간 형식에 따르는 것은 원리적으로 불가능하다고 생각된다. Paton (1965, 180-181).

적' 태도에서의 물자체는, '초월론적'으로는 후험적으로 주어지는 것으로서 이미 선험적인 공간 · 시간 형식을 매개로 해서 인식 주관과 관계하고 있는 한에서 현상으로 여겨진다.

이처럼 '초월론적' 태도에서의 현상은 '경험적' 태도에서의 현상과 동일한 의미를 가지는 개념이 아니다. '경험적' 태도에서의 현상이란 "단지 우리 주관의 변화"(A29=B45)인 것에 반해, '초월론적' 태도에서의 현상은 "언제나 단지 주관에 근원적으로 속하고 있는 공간과 시간이라는 조건들"(A43=B59)에 기초하고 있는 표상인 것이다. 따라서 '경험적' 태도에서 물자체로 여겨졌던 외적 대상(장미/물방울)은, 이미 감성적 직관의 형식을 매개로 한 것으로서 "그 자체 바로 그것이 아니라 현상으로서, 단지 우리 안에서만 현존할 수 있다"(A42=B59).

이와 같이 '경험적' 태도에서, 외적 대상이 주관과 단절된 자체적인 존재로 여겨진 이유는, 공간과 시간이 주관에 속하는 감성적 직관의 형식이라고 하는 것에 생각이 미치지 못했기 때문이다. 지금까지의 논의에 의해 '경험적' 태도에서 물자체로 여겨진 '사물(외적 대상)'이 초월론적 반성 후에는 현상으로 새롭게 파악되며, 그에 따라서 현상 개념의 의미도 '경험적' 태도에서의 그것과는 다른 칸트 고유의 의미를 가지게 된다. 그러면 다음 절에서는, 칸트의 초월론적 반성에 의한 새로운 현상 개념에 대하여 보다 자세하게 들어가서 밝히도록 하자.

3. 물자체와 예지체

칸트는 「감성론」에서, 공간 · 시간의 "초월론적 관념성"(A28=B44, A36=B53)을 말하면서, 감성적 직관의 형식이, 물자체가 아니라 오로지 현상에만 관계한다는 것을 반복해서 주장하고 있다.[4]

그렇다면 칸트는 과연 '초월론적' 의미에서의 물자체를 어떻게 자리매김하고자 하고 있는 것일까? 즉, 칸트는 물자체의 존재를 인정한 **후에**, 감성이 물자체가 아니라 현상에만 관계한다고 말하고자 하고 있는 것일까? 아니면 감성은 현상에만 관계하기 때문에 물자체를 부정하고자 하고 있는 것일까? 혹은, 물자체의 존재에 대해서는 긍정도 부정도 유보하고자 하고 있는 것일까? 이처럼 칸트의 현상 개념을 한층 더 밝히기 위해서는, 우선 물자체에 대한 칸트의 입장을 명확하게 해 두지 않으면 안 된다.

대상은 "물자체들 바로 그것으로서는, 예컨대 **인식하는** 것이 불가능하다고 해도, 그러나 적어도 **사고하는** 것은 가능하지 않으면 안 된다"(BXXVI, 강조는 칸트). 그렇지 않으면, "현상이, 거기서 현상하는 어떤 것 없이 존재할 것이라는 말도 안 되는 명제"(BXXVII)가 되어 버리기 때문이다. 이처럼 현상이 어디까지나 어떤 것의 현상이라고 여겨지는 한, 현상이 존재하기 위해서는 현상을 현상이게끔 하는 어떤 것의 존재가 전제되지 않으면 안 될 것이라고 여겨진다. 그리고 위

4 예를 들면 다음을 참조할 것. A27f=B43f., A30=B45, A35f.=B51ff., A38=B55, A39=B56, A42=B60, A44=B61, A45f.=B66f., B69, B70.

의 인용에서는, 현상하는 어떤 것이 물자체와 동일시되고 있다. 그렇다면 칸트는 현상의 존재로부터 그것의 배후에 자체적인 존재로서의 물자체를 인정하고자 하고 있는 것일까? 즉 칸트의 현상 개념은 물자체의 존재를 전제하지 않고서는 성립하지 않는 개념인 것일까?[5]

그런데 칸트는, 위와 같은 현상의 존재 근거로서의 물자체를 "단순한 논리적 가능성"(BXXVIAnm.)이라고 부르고 있다. 따라서 위의 인용으로부터 칸트가 물자체의 존재를 인정하고 있다고 단언해 버리기 전에, 먼저 물자체의 존재를 논리적 가능성으로 생각하는 것이 어떠한 의미인가를 확인하지 않으면 안 된다. 논리적 가능성으로서의 물자체의 존재가 의미하는 것을 밝히기 위해서 "예지체(Noumenon)"(A235=B294) 개념에 주목하려고 한다. 왜냐하면 칸트는, 예지체에 해당하는 개념들에는 "모든 감성적 직관이 제거되면 … **논리적** 가능성만이 남아 있다"(A245=B302Anm., 강조는 칸트)라고 말하고 있기 때문이다.

칸트는 「모든 대상 일반을 현상체들과 예지체들로 구별하는 것의 근거에 대하여」라는 한 절에서, 예지체를 다음과 같이 정의하고 있다.

> "우리 감관들의 객관들이 전혀 될 수 없는 다른 가능적인 사물들을, 단지 오성에 의해 사고된 것에 불과한 대상들로서, 현상체들에 대립시켜, 그것들을 예지체들이라고 명명한다."(B306)

5 아디케스는, 촉발하는 원인으로서의 물자체의 존재는 칸트에게서 전제되어 있는 자명한 것이라고 주장한다. Adickes (1924).

즉 예지체란 미리 물자체의 존재를 전제한 개념이 아니라, 어디까지나 오성에 기초하는 것이다. 이처럼 예지체는 오성에 의해서 현상체(범주에 의해 규정된 현상)에 대립된 것에 불과하며, 결코 현상의 존재근거로서의 물자체를 의미하는 것이 아니다.[6] 오성에 의해 예지체가 사고될 수 있는 것은 다음의 이유 때문이다. 즉 오성은 "그것의 기원에서 보자면 … 감성에 근거한 것이 아니다. 따라서 감관의 모든 대상을 넘어서 확장되는 적용을 허락하는 것처럼 보이기"(B305) 때문이다.

이처럼 예지체가 주관과 단절된 자체적인 존재로서의 물자체를 전제한 개념이 아니라는 것은 밝혀졌지만, 그렇다면 예지체는 물자체와 전혀 무관한 개념인 것일까? 칸트는 양자의 관계에 대해서 다음과 같이 말하고 있다.

> "어떤 것의 가능성은 결코 그 사물의 개념이 무모순이라는 것만으로써는 증명될 수 없고, 그 개념이 그 개념에 대응하는 직관을 통해서 입증됨으로써만 증명될 수 있다."(B308)[7]

위에서 보았듯이 예지체는 감성을 고려하지 않았던 오성에 의해 사고된 것인데, 그러한 예지체가 논리적 가능성으로서는 모순되지 않

6 프라우스는, 우리는 초월론적 반성을 하기 이전에 '경험적'인 태도에서 경험의 대상을 현상과 물자체로 구별하고 있으며, 그로부터 칸트는 '초월론적'인 태도에서의 현상에 대비시키기 위하여 예지체 개념을 들고나왔다고 해석한다. Prauss (1971, 15-25).

7 다른 곳에서도 같은 것을 말하고 있다. "자기모순되지 않는 개념이 그것만으로는 결코 그 대상의 가능성을 증명하지 않는다."(A596=B624)

음에도 불구하고, 그렇다고 해서 예지체라는 물자체의 존재까지도 인정되고 있는 것은 아니다. 나아가서 칸트는 예지체를 두 개의 의미에서 구별하고 있다.

> "우리가 사물을 직관하는 방식을 도외시함으로써, **그 사물이 우리의 감성적 직관의 객관이 아닌 한에서라면**, 그러한 사물은 소극적 의미에서의 예지체다."(B307, 강조는 칸트)

소극적 의미에서의 예지체는, 물자체가 감성적 직관의 대상이 되지 않기 때문에 우리는 물자체의 존재를 인정할 수 없다는 것을 의미한다. 왜냐하면 이미 보았듯이, 물자체가 논리적으로는 가능할지라도, 물자체의 **존재를 주장하기 위해서는 그것에 대응하는 직관이 필요하기 때문**이다. 그런데 여기서 말하고 있는 것은 물자체의 존재를 인정할 수 없다는 것일 뿐, 물자체의 존재를 적극적으로 부정하고 있는 것은 아니라고 하는 점을 주의하지 않으면 안 되는데, 그 이유는 예지체의 두 번째 의미를 봄으로써 보다 명확해진다.

> "우리가 예지체에서, 비감성적 직관의 객관을 의미하는 것이라면, 우리는 어떤 특수한 직관 방식 즉 지성적 직관을 가정하는데, … 우리는 그러한 직관에 대해서는 그 가능성조차 이해하는 것이 불가능하다. 또한 그 비감성적 직관의 객관은 **적극적** 의미에서의 예지체일 것이다."(Ibid., 강조는 칸트)

이처럼 **칸트는 대상**(현상이든 물자체든)**에 대응하는 직관**(감성적이든 비감성적이든)**이 있으면 그 대상의 존재도 인정된다고 생각하고 있다고** 말할 수 있을 것이다. 따라서 적극적 의미에서의 예지체가 물자체의 존재를 의미하기 위해서는 우리의 감성을 고려하지 않은 물자체에 대응하는 지성적 직관이 필요하다. 즉, **물자체의 존재는 미리 비감성적 직관을 전제함으로써만 비로소 주장될 수 있는 것이다**. 그러나 그러한 직관의 가능성에 대해서 우리는 전혀 알 수 없다. 따라서 칸트는, "우리에 의해 예지체라고 명명된 것은, 단지 **소극적** 의미에서의 예지체로서만 이해되지 않으면 안 된다"(B309, 강조는 칸트)라고 말하고 있는 것이다.

이와 같이 소극적 의미에서의 예지체는, 적극적 의미에서의 예지체처럼 우리가 갖지 않은 비감성적 직관(지성적 직관)을 독단적으로 상정하는 개념이 아니다. **우리는 그러한 비감성적 직관의 가능성조차 알 수 없다는 것**에 의해서, 칸트는 물자체의 존재를 인정하는 것도 부정하는 것도 불가능하다고 여기고 있다.[8] "초월론적 감성론에서 우리는 처음부터 감성을 **고립시킨다**"(A22=B35, 강조는 칸트). 즉 「감성론」의 논의는, 오성으로부터 분리된 것이다. 그리고 "감성에 대한 교설은, 동시에 **소극적 의미에서의 예지체**에 대한 교설이다"(B307). 이 인용에서, 예지체와 물자체의 관계를 간파할 수 있을 것이다. 물자체

8 알리슨은, 예지체가 감성을 제한하는 한계 개념으로서의 긍정적인 의미와 물자체를 가리키는 부정적인 의미를 가지는데, 칸트가 말하고자 하는 것은 후자가 아니라 전자라고 해석하고 있다. Allison (1983, 242-246).

는 「감성론」에서 현상을 현상이게 하는 존재 근거로 미리 전제된 것이 아니라, 오성에 의한 논리적 가능성으로부터 생각된 소극적 의미에서의 예지체인 것이다.

이처럼 예지체는 "감성의 월권을 제한하기 위하여, 따라서 소극적인 사용에만 관계하는 단순한 **한계 개념**이다"(A255=B311, 강조는 칸트). 그러므로 예지체는 자체적인 존재로서의 물자체를 전제한 개념이 아니고, 오히려 자체적인 존재로서의 물자체는 현상의 존재 근거가 아니며, 그뿐만 아니라 현상의 존재가 물자체의 존재와는 어떠한 관계도 가질 수 없음을 의미할 것이다.[9]

지금까지의 논의에 의해서 칸트의 현상 개념의 의미가 한층 더 명료해졌다고 여겨진다. 즉 칸트에게, 이 장의 들어가는 말에서 제시한 물음에 관계하는 대상인 '어떤 것'이란 현상을 가리키며, 게다가 그 현상은 물자체의 존재를 미리 전제하지 **않는** 것이다. 그렇다면 다음 절 이후에서는 '어떤 것(현상)이 있다'라고 말할 수 있는 근거로서의 '왜'에 대하여 생각해 보도록 하자.

9 웰든에 의하면, 칸트의 현상 개념에 대비된다고 생각된 물자체는, 예지체로부터 근거 없이 주장된(alleged) 객관에 불과하다. 또한 프라우스는, 칸트가 생각하는 물자체란 어떤 자체적인 존재로서의 사물이 아니라, 자체적으로 고찰된(betrachtet) 사물이라고 해석한다. Weldon (1958, 193-196); Prauss (1977, 136-138).

4. 촉발하는 대상

현상의 존재가 물자체의 존재에 의해 보장되지 않는 경우에, 과연 현상의 존재는 무엇에 기초해서 말해질 수 있는 것일까? 즉 현상이 가상에 불과한 것이 아닌 근거는 어디에 있는 것일까? 칸트는 현상이 가상이 아닌 이유를 다음과 같이 말하고 있다.

> "현상에서는 항상 객관들이, 그뿐만 아니라 우리가 그 객관들에게 부여하는 성질조차, 무엇인가 **현실적으로 주어진** 것으로 여겨지기 때문이다."(B69)

즉 현상이 가상이 아닌 이유는, 현상이 현실적으로 주어져 있기 때문이다. 그렇다면 현상이 현실적으로 주어져 있다고 하는 것은 애초에 무엇을 의미하는 것일까?

우리의 "직관 방식은 파생적(파생적 직관)이며 근원적(근원적 직관)이 아니고 따라서 지성적 직관이 아니다"(B72).[10] 즉, 우리 인간이 갖고 있는 직관 방식이란 신이 갖고 있는 직관 방식처럼 "**객관의 현존재 그 자체가 그것을 통해서 주어지는** 직관 방식이 **아니라, 객관의 현존재에 의존하고 있는** … 직관 방식"(Ibid.)인 것이다. 따라서 우리에게 주어져 있는 현상은 "대상에 의한 촉발"(A19=B34)이라는 사태를

10 애당초 우리의 직관 방식을 파생적이 아니라 오히려 근원적으로 보는 입장도 있을 수 있으나 이 장에서는 칸트에 따라서 논의를 진행하도록 하자.

포함하고 있다. 우리 인간의 수용성에 대하여 칸트는 다음과 같이 말하고 있다.

> "우리가 대상들에 의해 촉발되는 방식을 매개로 해서 표상들을 얻는 능력(수용성)은 감성이라고 불린다. 따라서 **감성**을 통해서 우리에게 대상들이 **주어진다**. 그리고 감성만이 우리에게 직관들을 제공한다."(A19=B33, 강조는 칸트)

따라서, 대상들은 감성의 형식에 따름으로써만 주어지고, 또한 주어진다는 것은 촉발됨으로써만 가능한 것이다.

이상과 같이 현상을 가상이 아니라 현실적으로 주어진 것으로 여기기 위해서는 대상에 의해 주관이 촉발된다고 하는 사태가 필요하다. 하지만 그렇다고 한다면 주관을 촉발하는 대상이 존재하지 않으면 안 될 것이다. 대상에 의해서 촉발됨으로써만 처음으로 현상이 주어지기 때문에, 주관을 촉발하는 대상은 주관과 단절된 물자체이지 않으면 안 될 것이다.

그러나, 우리의 수용성을 이야기하고 있는 '촉발'이라는 개념에 관해서, 촉발하는 대상을 물자체로 볼 수는 없다. 왜냐하면 이미 확인하였듯이, 물자체는 논리적 가능성인 소극적 의미의 예지체로서 단지 사고될 수 있음에 불과하고, 지성적 직관을 전제하지 않으면 안 되는 물자체에 현상의 존재 근거를 귀속시키는 것은 불가능하기 때문이다.[11]

---

11 스트로슨은, 촉발하는 대상은 물자체라고 전제한 뒤, 애초에 독립적인 존재가 어떻게 해서

촉발이라는 사태의 아포리아를 야코비는 다음과 같이 말하고 있다. "나는 〔물자체라는〕 전제 없이는 그 체계 안에 들어갈 수 없고, 그리고 그 전제를 가진 채로는 그 체계 안에 머물 수 없다."[12] 그러나 앞 절에서 보았듯이, 물자체를 칸트 철학 체계에의 입구로 자리매김하는 것은 불가능하다. 왜냐하면 칸트의 현상 개념으로부터는 물자체의 존재에 관해서, 그것을 긍정할 수도 부정할 수도 없기 때문이다. 따라서 혹시라도 칸트가 자신의 체계 안에는 자리 잡을 수 없는 물자체의 존재를 미리 전제한 후에 자신의 체계를 구축했다고 한다면, 그러한 체계는 처음부터 자기모순을 내포하고 있는 것이 되고 만다.

이처럼 촉발이라는 사태가 만약 촉발하는 대상으로서의 물자체의 존재를 요구하는 것이라면, 현상으로서의 '어떤 것'의 존재 근거가 주관과 무관한 물자체의 존재에 기초하게 되어 버린다. 하지만 그러한 해석은 위에서 보았듯이, 물자체의 존재에 대한 칸트의 입장 그 자체를 **부정함으로써만** 생겨나는 것이고, 그 결과 초월론적 관념론은 심지어 칸트 자신이 비판하는 "초월론적 실재론"(A369)이 되어 버린다. 그러나 촉발 개념은, 현상의 존재 근거로서의 자체적인 존재를 미리 전제한 것이 아니라, 어디까지나 **현상의 존재에만 관계하는** 것이다.[13]

주관의 형식에 따라서 주어지는 것이 가능한가에 대해서 칸트는 아무것도 설명하고 있지 않다고 비판한다. 마르틴도 촉발의 원인을 물자체라고 확정한 뒤, 물자체는 주관을 촉발하는 자발성을 가지고 있다고 여긴다. Strawson (1976, 249-256); Martin (1969, 211).

12 Jacobi (1815, 304).

13 그럼에도 불구하고 아디케스는 다음과 같이 말하고 있다. "촉발 개념을 해명해 나가기 위한 출발점을 이루는 것은, 현상들이 아니라 물자체다." Adickes (1924, 33).

그렇다면 인식 주관을 촉발하는 대상이 물자체가 아니라고 한다면, 그때에는, 촉발이라는 사태 그 자체가 의미를 잃고 마는 것일까? 즉, 현상은 대상에 의해 촉발됨으로써만 주어질 수 있는데, 촉발하는 대상이 물자체가 아니라고 한다면 애초에 촉발하는 대상 그 자체가 사라져 버리게 되고, 촉발 그 자체도 의미를 가지지 않게 되고 마는 것일까? 그리고 그러한 경우에 현상은, 대상으로부터 촉발에 의해 주어지는 것이 아니라, 주관이 스스로 사유를 위해서(범주에 의해서 규정하기 위하여) 산출한 것으로 해석될 수 있을지도 모르겠다. 즉 칸트 인식론은 초월론적 실재론이 아니라, 초월론적 관념론을 한층 더 정합되게 한 것으로 유지될 수 있을지도 모르겠다.[14]

하지만 그러한 경우에는 신적 직관을 부정하고, 어디까지나 감성의 수용성의 의의를 인정하면서 경험의 가능성을 전개하고자 하는 칸트의 인식론 그 자체를 부정하는 것이 되지 않겠는가. 이처럼 촉발이라는 사태에 대해 상반하는 위와 같은 극단적인 양 해석은 어느 쪽이든, 칸트 자신의 철학적 입장으로부터 멀어져 버릴 것이다.

지금까지 보아 왔듯이 칸트가 우리 인간의 수용성을 이야기하기 위하여 들고나온 촉발의 사태란, 인식 주관과 무관한 자체적인 존재를 독단적으로 전제하는 것도 아니고, 그렇다고 해서 촉발이라는 사태 그 자체가 제거되어, 존재를 인식 주관의 자발성에만 환원해 버리

14 코헨은, 감성의 의의를 인정하는 칸트의 입장을 벗어나 자신의 사유 일원론의 입장에 서서, 직관을 공간 · 시간에 의해서 산출된(erzeugt) 것으로 여긴다. 그럼으로써 촉발이라는 사태 그 자체를 칸트 인식론으로부터 제거하려고 한다. Cohen (1885, 213-215).

고자 하는 것도 아니다. 오히려 칸트의 인식론이란, 한쪽이 다른 쪽을 독단적으로 전제하는 것도, 다른 쪽이 한쪽에 환원될 수도 없음에도 불구하고 묶여 있는 인식 주관과 존재의 긴장 관계를 나타내고 있지 않겠는가.

그렇다면 인식 주관과 대상 존재의 그러한 긴장 관계를 가리키는 촉발이라는 사태를 어떻게 이해하면 좋겠는가? 바꿔 말하면, 종래의 해석처럼 칸트 자신의 철학적 입장을 파손해 버리는 방식이 아니라, 오히려 그 입장을 적극적으로 주장할 수 있는 촉발이라는 사태의 해석을 시도해 보도록 하자.

5. 촉발되는 주관

앞에서 보았듯이, 종래의 상반되는 해석은 촉발하는 대상의 측면에서 촉발의 사태를 밝히고자 했던 것이다. 한쪽은 촉발하는 대상으로서의 물자체를 인정함으로써 칸트의 초월론적 관념론에 저촉하고, 다른 쪽은 그러한 물자체를 인정하지 않음으로써 촉발이라는 사태 자체를 칸트 인식론에서 제거하고자 한다.

이처럼 얼핏 보면, 촉발이란 물자체의 존재를 전제하지 않으면 안 되는 사태이며, 따라서 초월론적 관념론과 촉발이라는 사태(감성의 수용성)는 양립할 수 없는 것처럼 생각될지도 모르겠다. 즉 촉발이라는 사태를 먼저, 촉발하는 대상의 측면에서 고찰하면, 촉발의 사태가 함의하고 있는 우리 인간의 수용성이, 곧바로 주관과 아무런 관계도 갖지 않는 자체적인 존재를 전제하는 것이 되고 만다. 하지만, 우리 인간의 수용성에 대한 그러한 이해는 칸트의 철학적 입장 그 자체를 부정하게 되어 버린다는 점에 대해서는 이미 확인하였다.

따라서, 우리 인간의 수용성을 나타내고 있는 촉발이라는 사태는 주관을 **촉발하는 대상의 측면에서**가 아니라, 대상에 의해서 **촉발되는 주관의 측면에서** 다시 한 번 고찰함으로써 밝혀질 것이라고 생각된다. 앞 절의 인용에서 알 수 있듯이 칸트는 촉발의 사태를 **대상이** 우리를 촉발**한다**고는 표현하지 않고, 어디까지나 **주관이** 대상에 의해서 촉발**된다**고 표현하고 있다. 즉 칸트에게는 촉발이라는 사태를 통해서 주관과 단절된 자체적인 존재를 적극적으로 주장하는 것보다는, 촉발되는 주관의 존재 방식 즉 우리 인간의 수용성이라는 존재 방식 그 자체를 강조하고자 하는 의도가 있었다고 추측할 수 있다. 그렇다면 촉발하는 대상의 측면에서가 아니라, 촉발되는 주관의 측면에서 촉발이라는 사태에 대하여 재차 음미해 보도록 하자.

촉발되는 주관의 측면에서 말하자면, 촉발된다고 하는 사태가 촉발하는 대상으로서의 물자체를 전제한다고 하는 것은 동시에 **아직 촉발되지 않은 주관**을 전제하는 것이기도 하다. 왜냐하면 주관이 아직 촉발되지 않았기 때문에, 촉발하는 대상은 아직 주관과 무관한 자체적인 존재로 자리매김되기 때문이다. 따라서, 촉발되는 주관의 측면에서 보자면 이미 인용한 촉발에 대한 야코비의 발언은 다음과 같이 말할 수 있을 것이다. "나는 〔아직 촉발되지 않은 주관이라는〕 전제 없이는 그 체계 안에 들어갈 수 없고, 그리고 그 전제를 가진 채로는 그 체계 안에 머무를 수 없다."

하지만, 우리 인간의 수용성을 이야기하고 있는 촉발의 사태가 아직 촉발되지 않은 주관을 전제한다고 볼 수는 없을 것이다. 왜냐하면, 이미 보았듯이 칸트는 현상의 존재 근거를 물자체에 구하는 것은 불가능하다고 생각했기 때문이다. 즉 물자체를 전제하는 것은 동시에 촉발되지 않은 주관을 전제하는 것인 한, 칸트는 수용성을 갖는 우리 인간의 존재 방식을, 물자체와 표리일체하는 **아직 촉발되지 않은** 주관이 아니라, **이미 촉발되어 버린** 주관으로 여기고 있다고 말할 수 있다. 아직 촉발되지 않은 주관에게 있어서 촉발이란 아직 일어나지 않은 사태이지만, 이미 촉발된 주관에게 촉발이란 이미 일어나 버린 사태인 것이다. 애당초 촉발이라는 사태는 아직 촉발되지 않은 주관에게는 문제**조차** 될 수 없다. 왜냐하면 촉발이라는 사태는 우리 인간의 자발성이 아니라 수용성을 의미하는 것인 한, 아직 촉발되지 않은 주관에게는 자신이 나중에 촉발**된다**는 것이 전혀 알려져 있지 않기 때문이다. 즉, 아직 촉발되지 않은 주관은 어디까지나 촉발될 때 처음으로 자신이 촉발**되었다**는 것을 알고, 또한 그때 처음으로 자신을 촉발**했던** 대상이 무엇인가라고 물을 수 있을 것이다.

촉발이라는 사태를 촉발하는 대상의 측면에서가 아니라 촉발되는 주관의 측면에서 다시 한 번 고찰함으로써, 칸트가 제시하고자 하는 우리 인간의 수용성의 내실도 드러나게 되었다고 생각한다. 즉 우리 인간의 수용성이란 아직 촉발되지 않은 주관이 물자체에 의해서 처음으로 촉발되는 것이 아니라, 이미 촉발되어 버린 우리 인간의 존재 방식을 의미하는 것이 아니겠는가. 이리하여, 촉발된다고 하는 사태 혹은 우리 인간의 수용성과 칸트의 초월론적 관념론이 양립할 수 없는 것처럼 생각된 근본적인 이유도 다음과 같은 것에 있다고 말할 수 있을 것이다. 즉, **우리 인간의 상황을, 처음부터 존재와는 아무런 관계도 갖지 않는 아직 촉발되지 않은 주관으로 여겼기 때문이다.**

칸트의 수용성이, 이미 촉발되어 버린 인식 주관의 존재 방식을 의미한다면 촉발하는 대상의 의미도 일변하지 않겠는가. 즉, 촉발하는 대상은 아직 촉발되지 않은 주관을 **처음으로 촉발하는** 물자체로서가 아니라, **이미** 우리를 촉발**하고 있는** 대상으로서만 자리매김될 수 있다. 이처럼 이미 우리를 촉발하고 있는 대상은 더 이상 주관과 무관한 자체적인 존재로서가 아니라, 이미 수행된 촉발의 사태에서 주관과 항상 관계하고 있는 존재로 이해되고 있다고 말할 수 있을 것이다.[15] 이미 일어나 버린 촉발이라는 사태를 통해서 대상 존재와 항상 엮여 있는 인식 주관의 존재 방식은, 외적 대상의 존재에 대한 칸트의 입장이 제시되어 있는 『순수이성비판』 제1판 「제4오류추리」의 논의를 살펴봄으로써 한층 더 명료해진다고 생각한다.

「제4오류추리」에서는 외적 대상의 존재를 의심하는 종래의 관념론에 대한 비판이 행해지고 있다.[16] 칸트는, 외적 대상의 존재를 독단

15 Vgl. 円谷(2002, 45-47).

16 『순수이성비판』 제1판의 「제4오류추리」는 제2판에서는 고쳐 써져 「관념론논박」이 되는데, 칸트에 의하면 양자 사이의 차이는 단지 증명 방식일 뿐이다(BXXXIXAnm.). 따라서, 제1판의 「제4오류추리」에서의 칸트의 철학적 입장 그 자체가 제2판에서 칸트 자신에 의해서 부

적으로 부정하는 것이 아니라 단지 의심스럽다고 여기는 관념론을 "경험적 관념론"(A369)으로 명명하고, 그러한 관념론의 대표자로서 데카르트를 들고 있다. 칸트에 의하면, 데카르트는 다음의 이유에서 외적 대상의 존재를 의심스럽다고 여긴다.

> "모든 외적 대상은, 그것들의 현존재가 직접적으로 지각되지 않고, 주어진 지각들의 원인으로서만 간접적으로 추론될 수 있는 종류의 것이다. 따라서, 외적 감관의 모든 대상들의 현존재는 의심스럽다."(A366f.)

데카르트에게 확실한 것은 인식 주관에 주어진 지각이고, 그 지각의 원인으로서 간접적으로 추론된 것에 불과한 외적 대상의 현존재는 의심스러운 것이 되고 만다. 칸트 자신도, 결과로부터 원인으로의 추론은 언제나 불확실할 수밖에 없다는 데카르트의 생각 그 자체는 인정하고 있다(A369).

그런데 데카르트는 무엇에 기초해서 외적 대상을 직접적인 것이 아니라, 간접적으로만 추론되는 것이라고 단정하고 있는 것일까? 칸트에 의하면, 그 이유는 외적 대상을 "우리와 우리의 감성으로부터 독립적으로 존재하는 … 물자체들"(Ibid.)로 여기는 것에 있다. 외적 대상이 처음부터 주관과 무관한 자체적인 존재로 여겨지는 경우에는, 우리에게 주어진 지각을 넘어서 물자체의 존재를 직접적으로 확인하

정되었다고는 볼 수 없을 것이다.

는 것은 "절대적으로 불가능"(A378)하다. 이처럼 데카르트는, 외적 대상을 인식 주관과 단절된 자체적인 존재로 미리 전제했기 때문에, 외적 대상의 존재는 인식 주관에게 있어서 부정되지는 않지만 그렇다고 해서 확실하다고 주장할 수도 없다고 생각하는 것이다.

그러나 이 장의 제2절에서 밝혀졌다시피 칸트에게 외적 대상이란, 감성에 의존하지 않고 그 자체로 존재하는 것이 아니라, 이미 인식 주관에 속하는 감성의 형식인 공간과 시간을 매개로 해서 주어진 현상이다. 따라서 "현상으로서의 물질에, 추론될 필요 없이 직접적으로 지각되는 현실성을 인정하게"(A371) 되는 것이다.

이리하여, 데카르트가 외적 대상의 존재를 의심한 것은 외적 대상의 존재가 주어진 지각으로부터 간접적으로 추론되는 것이기 때문이었지만, 인식 주관에 속하는 지각과 외적 대상 사이에 있는 간접적인 관계라는 것은 어디까지나 외적 대상을 **물자체로 여기는 한에서만** 생겨나는 관계에 불과하다.

그렇다면 데카르트는 **왜** 외적 대상을 물자체로 여겼던 것일까? 촉발 문제에서 확인하였듯이 물자체를 전제하는 "초월론적 실재론"(A369)은, 물자체와 표리관계에 있는 아직 촉발되지 않은 주관이라는 것을 전제하지 않을 수 없다. 바꿔 말하면 데카르트는 우리 인간의 상황을 처음부터 존재와는 단절된 인식 주관으로 여겼기 때문에, 외적 대상을 물자체로 보지 않을 수 없었다고 말할 수 있겠다.

그에 반해서, 칸트는 우리 인간의 상황을 이미 촉발되어 항상 존재와 엮여 있는 주관으로 생각했기 때문에, (데카르트처럼 지각으로부터 물자체로의 간접적인 추론 과정을 거치지 않고) 지각은 "공간에 있는 어떤 현실적인 것을 **직접적으로** 증명한다. 혹은 오히려 현실적인 것 그 자체다"(A375)라고 말하고 있는 것이다. 따라서, "외적 지각들이 우리의 내적 감관의 단순한 유희에 불과한가, 그렇지 않으면 외적 지각들이 그것들의 원인인 외적인 현실적 대상과 관계하는가 어떤가는 의심스러운 채로 있다"(A368)라고 하는 의혹은, 우리 인간을 아직 촉발되지 않은 주관으로 여긴 경우에만 생겨나는 의혹일 것이다. 이처럼 동일한 지각에 대하여 데카르트와 칸트가 극단적으로 다른 관점을 드러내는 것도, 우리 인간의 존재 방식에 대한 양자의 근본적인 상이가 있었기 때문이지 않겠는가.

칸트는 우리 인간을 존재와 무관한 아직 촉발되지 않은 코기토와 같은 주관이 아니라 이미 촉발되어 항상 존재와 결부되어 있는 주관으로 여겼기 때문에, 「제4오류추리」에서 외적 대상의 존재를 증명한 후에 "단순한 자기 의식으로부터 벗어나지 않으며, … cogito ergo sum 이상의 무엇을 상정할"(A370) 필요가 없었다고 말하고 있는 것이다. 즉 칸트는 데카르트처럼 인식 주관과 외적 대상을 아직 촉발되지 않은 주관과 그러한 주관을 처음으로 촉발하는 물자체로서 각각 독립적인 것들로 **처음부터 이원적으로 나눈 것이 아니다**. 그렇지 않고, 인식 주관과 존재란 이미 수행된 촉발이라는 사태에서 항상 결부되어 있다고 생각했던 것이다.

6. 나가는 말

"왜 없음이 아니라 오히려 어떤 것이 있는가?" 지금까지의 논의에 의해서, 이 물음에 대한 칸트의 입장을 말할 수 있는 가능성이 나타나지 않았는가. 칸트에게는, 우선 이 물음에서 물어지고 있는 '어떤 것'이란 '현상'이며(제2절), 그리고 현상으로서의 '어떤 것'은 물자체를 전제한 것이 아니다(제3절). 다음으로 그 물음에서 '왜'로서 물어지고 있는 "어떤 것이 없음이 아니라 있다"라고 말할 수 있는 근거는, 대상의 존재에 의존해야만 하는 감성적 직관 방식을 갖고 있는 우리 인간에게 현상은 대상에 의해 촉발됨으로써만 주어질 수 있기 때문이다. 그리고 현상의 존재 근거로서의 촉발된다고 하는 사태는 촉발하는 대상으로서의 물자체를 미리 전제한 사태가 아니다(제4절).

마지막으로 촉발의 사태가 현상의 확고한 존재 근거일 수 있는 것은 촉발의 사태가 다음과 같은 것을 의미하고 있기 때문이다. 즉 촉발된다고 하는 사태는, 존재와 무관한 아직 촉발되지 않은 주관과, 그리고 그러한 주관을 돌연 촉발하는 대상으로서의 물자체를 처음부터 단절된 것으로 이분법적으로 미리 전제한 뒤의 사태가 아니다. 그러한 것이 아니라, 촉발이란 이미 촉발되어, 현상으로서의 '어떤 것'의 존재와 항상 결부되어 있다고 하는 더 이상 거슬러 올라갈 수 없는 우리 인간의 존재에 대한 수용적인 상황을 나타내고 있는 것이다.

참고문헌

Adickes, E. (1924), *Kant und das Ding an sich*, Berlin.

Allison, H. E. (1983), *Kant's transcendental Idealism*, Yale.

Cohen, H. (1885), *Kants Theorie der Erfahrung*, Berlin.

Heidegger, M. (1955), *Was ist Metaphysik?*, Frankfurt.

Jacobi, F. H. (1815), *David Hume über den Glauben, oder, Idealismus und Realismus* 2, Werke.

Leibniz, G. W. (1917), *Leibniz sogenannte Monadologie und Principes de la Nature et de la GraceFondés en Raison*, Hrsg. v. Clara Strack, Berlin.

Martin, G. (1969), *Immanuel kant - Ontologie und Wissenschaftstheorie*, Berlin.

Paton, H. J. (1965), *Kant's Metaphysics of Experience*, London.

Prauss, G. (1971), *Erscheinung bei Kant*, Berlin.

——— (1977), *Kant und das Problem der Dinge an sich*, Bonn.

Strawson, P. F. (1976), *The Bounds of Sense*, London.

Weldon, T. D. (1958), *Kant's Critique of Pure Reason*, 2nd ed., Oxford.

円谷裕二(2002),『経験と存在ーカントの超越論的哲学の帰趨』, 東京大学出版会.

2장

「관념론논박」에서 지속적인 것 개념

1. 들어가는 말

> "사물의 현존을 의심한다는 것은, 결코 내 머리에 떠오른 적이 없다."(Ⅳ293)

『프로레고메나』에서 이처럼 사물이 존재하고 있는 것을 의심한 적이 없는 칸트에게, 사물의 현존을 의심한다는 것은 무엇을 의미할까? 위와 같은 의심을 비판하면서 그 내실을 밝히는 곳이 『순수이성비판』 제2판에서 제4원칙 「경험적 사고 일반의 요청」 안의 「관념론논박」(이하 「논박」으로 약기)이다. 그것은 내용적으로는 『순수이성비판』 제1판의 「제4오류추리」에 해당하는 것인데, 「제4오류추리」가 축소되면서 제2판의 「원칙론」으로 옮겨지고, 또한 새롭게 고쳐 써진 것이다.

무언가를 의심할 때, 문제가 되는 것은 아마도 다음의 세 점일 것이다. 먼저 ① 의심하고 있는 **대상**이 무엇인가? 다음으로 ② 그 대상을 의심하는 **근거**는 무엇인가? 그리고 ③ 그 근거가 기초하고 있는 **전제**는 무엇인가?라고 하는 문제다. 이 장에서는 이러한 문제들을 염두에 두면서, 제1판의 「제4오류추리」와 제2판의 「논박」에서의 칸트의 논의를 분석한다. 나아가서는, 그러한 분석에 의해 선명해지는 칸트의 "초월론적 관념론"(A369, A491=B519)과 종래 관념론의 근본적인 차이가 우리 인간의 수용성이라는 것에 대한 이해의 차이에 있음을 밝힌다.

따라서 이 장의 구성은 다음과 같이 된다. 우선 제2절에서 「제4오류추리」의 내용을 음미하고, 다음으로 제3절에서는 「제4오류추리」와 비교하면서 「논박」의 내용을 자세하게 논한다. 제4절 이후에서는, 「논박」에서 외적 대상의 현존재를 증명할 때 열쇠 개념이 되는 '지속적인 것'의 해석을 시도함으로써, 현존재를 **의심할 수 있다**는 것의 의미와 한계를 칸트 인식론으로부터 조명한다.

2. 「제4오류추리」에서 초월론적 관념론과 경험적 관념론

칸트는 「제4오류추리」에서, 자신의 비판철학은 초월론적 관념론이라고 말하며, 그것을 경험적 관념론으로부터 구별하고 있다. 따라서 우선, 애초에 경험적 관념론자의 생각이 어떠한 것인가를 보도록 하자. 칸트는 경험적 관념론의 입장을 다음과 같이 명확하게 정식화하고 있다.

> "그것의 현존재가, 주어진 지각들의 **원인**으로서만 **추론**될 수 있는 것은, 의심스러운 현존(Existenz)만을 가진다. 그런데 모든 외적 대상들은, 그것들의 현존재가 직접적으로 지각되지 않고, 주어진 지각들의 원인으로서만 **간접적으로 추론**될 수 있는 종류의 것이다. 따라서, 외적 감관의 모든 대상들의 현존재는 의심스럽다." (A366f.)

칸트는, 경험적 관념론자로서 데카르트를 들어 그 오류를 지적한다. 이 인용에서 알 수 있듯이 칸트에 의하면, 데카르트가 〈의심하고 있는 것〉은 외적 대상의 현존재이며, 그것을 〈의심하고 있는 근거〉가 추론에 의한 간접성이다. 그리고 그 근거가 〈전제하고 있는 것〉은, 우리는 우리의 내적인 표상만을 직접적으로 지각 가능하며, 따라서 **나의 현존**만이 직접적 지각의 대상으로서 그 현존재가 확실하다는 것이다(A367). 이러한 전제에 기초하는 경우, 외적 사물들과 내적 표상 사이에는 간접적인 인과관계가 성립하고, **결과**인 내적 표상으로부터 **원인**으로서의 외적 사물들의 현존재를 추론이라는 **간접적 방법**에 의해서 증명할 수밖에 없다. 왜냐하면, 데카르트는 외적 대상의 현존재를 직접적으로 지각할 수 없다고 보기 때문이다. 따라서, "외적 지각들이 단지 우리의 내적 감관의 유희에 불과한지, 혹은 외적 지각들이 그것들의 원인인 외적인 현실적 대상과 관계하는지 어떤지는 여전히 의심스럽다"(A368).[17]

그러나, 칸트에 의하면 초월론적 관념론의 입장에 설 경우에는, 위와 같은 추론에 의한 존재 증명이 오류라고 하는 것이 밝혀진다. 초월론적 관념론에서 외적 사물들이란 **현상**과 다름없고, 그리고 현상은 "사물들 자체가 아니라 단지 표상"(A369)이다. 왜냐하면 외적 대상(현상)은 공간과 시간을 통해서만 우리에게 주어지는데, 그 "공간과 시간은 단지 우리 직관의 감성적 형식이며, 물자체 바로 그것으로서

17 데카르트는 전지전능한 신의 성실성에 기초한 추론을 통해서는 외적 대상의 현존재가 인식된다고 주장하지만(Descartes (1996, 제4장)), 이 장에서는 칸트의 데카르트 해석에 따라서 논의를 진행한다.

의 객관들의 … 규정들 혹은 조건들이 아니기"(Ibid.) 때문이다. 그에 반하는 것이 "초월론적 실재론"(Ibid.)인데, 이 실재론은 공간과 시간의 관념성을 고려하지 않고, 외적 사물들을 현상이 **아니라** 물자체로서 독단적으로 전제한다.

이처럼 칸트는 데카르트적인 추론의 전제에 숨겨져 있었던 〈암암리의 전제〉를 통찰했다. 즉, 데카르트가 외적 대상의 현존재를 〈의심했던 근거〉인 추론에 의한 간접성이란, 실은 〈의심의 대상〉인 외적 대상을 데카르트가 암암리에 물자체로 여기는 초월론적 실재론에 빠져 있었다는 것을 의미한다고 칸트는 해석하고 있다. 이처럼 경험적 관념론자는 동시에, 우리 밖의 사물들을 암묵적으로 물자체라고 여기는 초월론적 실재론자인 것이다.

하지만 칸트의 입장에서 보자면, 그러한 외적 사물들은 '초월론적인 의미'에서의 물자체가 아니라 '경험적인 의미'에서 내 밖의 사물들인 한, 공간에 있는 현상이다. 즉 칸트는, '초월론적인 의미'에서의 외적 대상과의 혼란을 피하기 위해, "**경험적으로 외적인** 대상들을 **공간에서 찾을 수 있는** 사물들"(A373, 강조는 칸트)이라고 규정했던 것이다.

그런데 초월론적 관념론이 밝혔듯이, 공간은 우리의 직관 형식인 한, "공간 자신은 우리 안에 있는 것이다"(A370). 바꿔 말하면, 경험적으로는 우리 밖에 있다고 여겨진 사물들은, 칸트의 초월론적인 관점에서 보자면 우리 안에 있는 것이 된다. 즉, 우리가 직관의 형식인 공간을 매개로 해서 외적 대상들과 관계하는 한, 그것들은 단지 **표상**이다. 이처럼 초월론적 관념론자는 "현상으로서의 물질에, 추론될 필요

없이 직접적으로 지각되는 현실성을 인정함"(A371)으로써 경험적 실재론자이기도 한 "이원론자"(A370)인 것이다.

지금까지의 논의로부터 알 수 있듯이 「제4오류추리」에서, (의심의 대상인) 외적 대상의 현존재를 (그 근거인) 추론의 간접성에 의해 의심스럽다고 보는 경험적 관념론의 입장은, '외적 대상의 표상'(결과)의 확실성만을 인정함과 동시에, '외적 대상'(원인)을 암묵적으로 물자체로 여기고 있었다고 하는 〈또 하나의 전제〉를 품고 있었던 것이다.

하지만 칸트는, 외적 대상의 현존재를 증명하기 위하여 "자기의식을 넘어서지 않고, … cogito ergo sum 이상의 무언가를 상정하지"(A370)도 않았다. 왜냐하면 '초월론적인 의미'에서 내 안을 초월하여, 물자체의 영역에 도달하는 것은 '절대적으로 불가능'(A378)하기 때문이다. 따라서 데카르트는 '자기의식의 직접적 증거'(A371)에 기초해서 나의 현존의 확실성을 인정한 것과 같이, 외적 대상의 현존의 확실성도 인정하지 않을 수 없게 된다.

여기서 유의해야 할 점은, 표상으로서의 외적 대상이 공간, 나아가서 시간에 있는 대상이라는 것이다. 칸트에게 있어서는 공간과 시간은 우리의 직관 형식이며, 게다가 **감성적** 직관의 형식인 것은 말할 것도 없다. 즉, 「제4오류추리」에서 칸트가 행한 논박의 전제는 외적 대상을 표상으로 보는 것이었는데, 그것이야말로 이미 공간과 시간이 "우리 직관의 감성적 형식"(A369)이라고 하는 것을 전제한 것이다.

따라서 표상 개념에 의한 외적 대상의 현존재 증명의 배경에는 우리 인간의 감성적인 측면, 즉 "수용성"(A27=B43)에 대한 칸트 고유의 생각이 암암리에 내세워지고 있다는 것을 간과해서는 안 될 것이다. 이처럼 「제4오류추리」에서 경험적 관념론을 논박하는 칸트는 '초월론적인 의미'에서의 내 안을 벗어나지 않고 외적 대상의 현존을 증명하고 있는데, 그것이 가능할 수 있었던 것은 주관의 자기의식에는 외적 대상이 표상으로서 주어져 있다는 것, 즉 우리의 수용성에 대한 칸트의 독자적인 생각이 전제되어 있기 때문이다.

그러나, '초월론적인 의미'에서 내 안을 벗어날 수 없다는 것을 전제하는 칸트의 관념론은, 바로 그 전제 때문에 어떤 문제점을 남기게 된다. 따라서 다음 절에서는 제2판의 「논박」을 음미함과 동시에, 제1판 「제4오류추리」의 논의가 갖는 한계도 밝혀 보도록 하자.

3. 「관념론논박」에서 내 밖의 지속적인 것

칸트가 제2판의 서문에서 말하고 있듯이, 제2판의 본래적인 의미에서의 증보는, 심리학적(경험적) 관념론에 대한 반박이며, 게다가 단지 그 증명 방식에 관해서뿐이다(BXXXIXAnm.). 그런데, 칸트는 왜 데카르트에 대한 논박의 방식을 바꾸었을까? 그 이유는 제1판이 나온 후, 칸트의 "초월론적 관념론"(A369, A491=B519)이 버클리의 독단적 관념론과 동일시되면서 비판을 받았기 때문이다.[18]

---

18 이러한 비판은 처음에, 페더와 가르베가 쓴 『괴팅겐서평』에서 행해졌는데, 이것을 둘러싼 배경에 대한 상세는 石川(1994, 152-162)를 참조하길 바란다.

이와 같은 당시의 비판과 더불어, 칸트 자신은 제1판의 「제4오류추리」에서 외적 대상의 직접성을 표상 개념에 기초하여 증명하고, 모든 외적 대상을 표상으로서 주관에 속하는 것으로 보았다. 그러나 그때 표상과 물자체의 인과관계는 인정하지 않았다. 즉, 표상이 감성적 직관의 형식인 공간과 시간을 통해서 주어진 것이면서도, 주관을 넘어서 표상의 원인을 구하는 것은 불가능하다고 여겼다. 그렇게 되면, 주관에 주어진 표상으로서의 외적 대상이 실은 주어진 것이 아니라 주관 자신에 의해 산출된 것은 아닌가라고 하는 의문이 생겨날 수도 있겠다. 왜냐하면 「제4오류추리」에서는 모든 외적 대상이 표상에 환원되어 버림으로써, 주관의 수용성을 도외시하고 주관에 의한 자발성으로 치환하는 것도 가능하게 되기 때문이다. 따라서 제1판의 초월론적 관념론이 칸트 자신이 비판했던 유아(唯我)론이 될 수도 있는 여지를 남기고 있는 것이 된다.[19]

이러한 「제4오류추리」의 한계에 입각하는 한 칸트가 제2판에서 증명의 방식을 바꾼 이유는, 외적 대상의 현존재 증명을 통해서 초월론적 관념론에서 우리 인간의 수용성이 갖는 의미를 보다 명확하게 제시하는 것에 있지 않았는가라고 미루어 생각할 수 있다.

「논박」에서의 논의는 "데카르트가 의심하지 않았던 우리의 내적 경험조차, 외적 경험의 전제 아래에서만 가능하다"(B275)라는 것을 증명하는 것이다. 칸트는 「제4오류추리」에서, 추론에 의한 간접성(의

19 Cf. Allison (1983, 295).

심의 근거) **때문에 외적 대상의 현존재**(의심의 대상)**를 의심하는 데카르트의 경험적 관념론이 암암리에 외적 대상을 물자체로 보는 초월론적 실재론**(숨겨진 전제)에 기초하고 있음을 지적했다. 이러한 암묵의 전제는 칸트의 초월론적 관념론에 의해서 이미 물리쳐졌지만, **내적 경험의 직접성에 기초하는 확실성이라는 전제**는 제1판에서 문제시되지 않았다. 그러나, 이하에서 확인되는 제2판에서의 칸트의 증명 방식은, 내적 경험의 직접적인 확실성이라는 데카르트의 전제 그 자체를 논의의 도마 위에 올려, 그것을 외적 경험으로부터 정초하고자 하는 것이다.

칸트는 제2판의 「논박」에서 **"나 자신의 현존재의 순전한, 하지만 경험적으로 규정된 의식은, 내 밖의 공간에 있는 대상들의 현존재를 증명한다"**(B275, 강조는 칸트)라는 정리(定理)를 증명하는 방식으로 외적 대상의 현존재를 제시하고자 하는데, 그 과정은 이하와 같은 것이다.

① 나는 경험적인 나의 현존재를 시간 속에서 규정하는데, 모든 시간 규정은 지각에서의 지속적인 것(Beharrlich)을 전제한다.
② 그러나, 경험적인 나의 현존재는 이 지속적인 것을 전제해서만 시간적으로 규정될 수 있으므로, 이 지속적인 것은 내 안의 직관일 수 없다.
③ 따라서, 지속적인 것의 지각은 내 밖 사물의 순전한 **표상**이 아니라, **사물**에서만 가능하다.
④ 즉, 경험적인 내 현존재의 시간 규정은 내 밖의 현실적인 사물들의 현존에서만 가능하며, 시간에서 경험적인 나의 의식은

경험적인 나의 현존재를 시간적으로 규정하는 의식과 결합하고 있다.

⑤ 그러므로, 경험적인 내 현존재의 의식은, 동시에 내 밖 사물들의 현존재의 직접적인 의식이다.[20] (B275f., 강조는 칸트)

이상의 증명 과정으로부터 「논박」의 증명 방식이 제1판의 증명 방식과 다르다는 것이 확인된다. 즉 제1판에서 증명의 핵심은 외적 대상이 물자체가 아니라 표상이라고 하는 것에 있었지만, 제2판에서는 우리 밖의 **지속적인** 것이 증명의 핵심이 된다. 이처럼 증명의 핵심이 지속적인 것으로 이행한 것이 애초에 무엇을 의미하는가를 밝히기 위해 위의 증명 과정을 따라가 보도록 하자.

우선 〔정리〕 내적 경험은 "나의 현존재에 대한 경험적으로 규정된 의식"이라고 되어 있다. 이처럼 내적 경험은 경험적으로 규정된 의식에서 가능한데, 〔증명 ①〕 경험적으로 규정된다는 것은 "시간 속에서 규정되는" 것이다. 그렇다면 '시간 규정'이란 도대체 무엇을 의미하고 있는 것일까?

앞 절에서 보았듯이 공간과 시간은 우리의 감성적 직관의 형식인데, "시간은 내적 감관의 형식, 즉 우리 자신과 우리의 내적 상태의 직관 형식과 다름없다"(B49). 이처럼 우리는 우리의 현존재를 내적 감관의 형식인 시간에 의해 경험적으로 의식하는 것이 가능한데, 시간

20 이 증명 과정은 제2판의 서문에 있는 「논박」의 본문에 대한 칸트의 보충(XXXIXAnm.)을 포함한 것이다.

은 어디까지나 **감성적** 직관의 형식이라는 것을 주의하지 않으면 안 된다. 왜냐하면 만약 우리가 지성적 직관을 가지고 있다면, 내적 경험은 외적 경험을 전제하지 않아도 가능하게 되기 때문이다.

즉, "**지성적 의식과 지성적 직관**에 의한 내 현존재의 규정을 동시에 결합할 수 있다면, 이 규정에는 내 밖의 어떤 것과의 관계에 대한 의식은 필연적으로 불필요하게 될 수밖에 없기"(B X L Anm., 강조는 칸트) 때문이다.[21] 지성적 직관, 즉 "나는 존재한다고 하는 표상은 … 아직 주관의 어떠한 **인식**도 아니고, 따라서 또한 경험적 의식 즉 경험이 아니기"(B277, 강조는 칸트) 때문에 내적 경험은 감성적 직관을 필요로 한다. 이처럼 시간이 감성적 직관의 형식인 한, 〔증명 ④〕 "시간 규정"은 "경험적인 나의 현존재를 시간적으로 규정하는 의식"만으로는 불가능하며, "내 밖의 현실적인 사물들의 현존에 의해서만 가능하게" 된다. 따라서, 〔증명 ⑤〕 "내 밖의 현실적인 사물들의 현존재를 직접적으로 의식하는 것"은 **동시에** (시간적으로 규정되지 않으면 안 되는) 나의 현존재에 대한 경험적인 의식을 가능하게 하는 조건인 것이다. 그리고 이러한 것은 〔증명 ②〕 내 밖에 있는 지속적인 것이 이미 전제되어 있기 때문에 비로소 가능하다.

칸트는 증명 과정에서 지속적인 것은 '내 밖'의 것이라고 명확하게 말하고 있는데, 그렇다면 칸트가 지속적인 것을 설명하기 위해 사용한 '내 밖'이란 어떠한 의미일까? 위의 정리에서는, 지속적인 것은 **내**

21 칸트는 「초월론적 감성론을 위한 일반적 주해」에서도 시간은 어디까지나 지성적이 아닌 감성적 직관의 형식이라고 말하고 있다. Vgl. B69.

밖의 공간에 있는 것이며 그리고 〔증명 ①〕 지각에 있는 것으로 규정되어 있다.

이것으로부터, 우선 지속적인 것을 수식하는 '내 밖'은 '초월론적인 의미'에서의 내 밖이 아니라는 것이 명확하다. 왜냐하면 만약 그렇다고 할 경우에는, 지속적인 것은 물자체를 의미하게 되어 버리기 때문이다. 그러나, 칸트는 지속적인 것을 어디까지나 공간에 있는 것으로서 지각되는 것이라고 말하고 있다.

그렇다면, '내 밖'은 '경험적인 의미'에서의 내 밖을 의미하는 것일까? '경험적인 의미'에서 밖의 것이란 공간에 있는 대상이며, 게다가 시간 속에 있는 것이다. 왜냐하면 "공간은 선험적인 조건으로서 외적인 현상들에만 제한"(A34=B50)되지만, "모든 현상 일반, 즉 감관의 모든 대상은 시간 속에 있기"(A34=B51) 때문이다. 즉 '경험적인 의미'에서 내 밖의 것은, 단지 공간만이 아니라 "내적 현상(나의 영혼)의 직접적 조건이지만, 바로 이것 때문에 간접적으로는 **외적 현상의 조건**이기도 한"(A34=B50f.) 시간 형식에도 따르므로 '초월론적인 의미'에서는 내 안의 것이다.

그렇지만 지속적인 것은, 시간적으로 규정되어 "계기(繼起)적"(A30=B46)인 (공간에 있는) 외적 현상과는 다르게, **시간 규정 그 자체를 가능하게 하는 것**이다. 따라서 〔증명 ③〕 칸트는 지속적인 것을 "순전한 표상"(외적 현상)으로부터 구별하여 "내 밖의 사물"이라고 말하고 있다. 이리하여, 〔증명 ②〕 지속적인 것이 "내 안의 직관일 수 없다"라고 하는 것은, 그것이 '초월론적인 의미'에서 내 안의 것('경험적인 의미'에서 내 밖의 것)이 아니라는 것을 의미한다고 말할 수 있겠다.

이러한 것을 고려하면, '내 밖의 사물'이 '내 밖의 순전한 표상'으로부터 엄밀히 구별되고 있다고 해서, 초월론적 관념론이라는 칸트의 입장 그 자체가 변했다고 해석할 수는 없을 것이다.[22] 증명에서의 '사물'이, '표상'이 아니라고 해서, 그것이 곧바로 물자체를 의미하는 것은 아니다. 즉 내 밖의 지속적인 것으로서의 사물이란, '초월론적인 의미'에서 내 밖의 물자체도 아니며, 또한 '경험적인 의미'에서 내 밖의 표상('초월론적 의미'에서 내 안의 것=시간에서 규정된 것)도 아닌 것이다.

이상과 같이, 「논박」에서의 칸트의 표현을 존중하는 한, 지속적인 것이란, 「제4오류추리」에서 행해진 표상과 물자체의 구별에는 들어가지 않는 것이다. 따라서, 「논박」에 있는 지속적인 것을 해석할 때, 그것이 '내 밖의 사물'이라고 해서, 곧바로 그것을 주관으로부터 독립적인 것으로 전제해 버릴 수는 없다.[23]

지금까지의 논의에 의해서, 〔증명 ①〕 "내가 경험적인 나의 현존재를 시간 속에서 규정하는" 것은 내 안의 것이 아닌 지속적인 것을 통해서만 가능하며, 나아가서는 내적 경험에서 표상으로서의 대상들을 가능하게 하는 이 지속적인 것은 물자체가 아니라는 것이 확인되었다. 그리고 「논박」에서는, 주어져 있는 외적 대상들이 주관 안의 것

22 그럼에도 불구하고 쇼펜하우어는, 제2판의 「논박」에 있는 지속적인 것을 물자체로 봄으로써 「논박」을 『순수이성비판』 전체와 모순된다고 해석한다. Schopenhauer (1949, 514-516).

23 가쿠나우어는 그러한 전제 위에서, 게다가 여기에서의 '나'를 개인에 한정하고, 지속적인 것을 개인적인 주관으로부터 독립된 공적인 과학적 인식에서의 대상이라고 해석한다. Gochnauer (1974, 195-206).

(주관에 의해서 산출된 것)이 **아니라** 지속적인 것이라고 하는 것이 명확히 제시되어 있다.

그럼에도 불구하고 이 절에서 보았듯이 지속적인 것과 관련된 '내밖'이라는 표현이 갖고 있는 특수한 사정 때문에, "내가 혹시 잘못, 외적 대상들에게 귀속시키는 표상들의 원인이 우리 자신 안에 잠재하고 있을지도 모른다"(B276)라고 하는 의심은 아직 완전히 해소되지 않았다. 다음 절 이후에서, '지속적인 것'이라는 개념을 중심적으로 고찰함으로써, 위와 같은 문제가 어떻게 해결되는가를 보도록 하자.

4. 「관념론논박」에서 지속적인 것과 「제1유추」에서 실체의 도식

「논박」에서 증명의 열쇠 개념은 '지속적인 것'인데, 이 '지속성'이라는 개념은 『순수이성비판』의 어디에서 유래하는 것일까? 칸트는 「원칙론」의 제1장 「순수한 오성 개념들의 도식 기능에 대하여」에서 '실체(Substanz)'의 도식을 다음과 같이 정의한다.

> "실체의 도식은, 시간에서 실재적인 것의 지속성(Beharrlichkeit)이다. 즉, 다른 모든 것이 변해도 그대로 지속하는, 경험적 시간 규정 일반의 기체로서 실재적인 것의 표상이다."(A144=B183)

흐르는 것은 시간 그 자체가 아니라, 변화하는 것의 현존재가 시간 속에서 흐르며, 따라서 실체 범주는 도식화되어, 시간의 지속성을 떠맡아 실재적인 것의 표상이 된다.

이처럼, 「논박」에서 지속적인 것의 지속성은 「제1유추」에서 실체 범주의 도식으로서의 지속성을 전제하고 있다고 해석하는 것이 가능할지도 모르겠다.[24] 게다가 칸트는, 「논박」의 주2에서 "이 지속성 자신이 외적 경험으로부터 얻어진 것이 아니라, 선험적으로, 모든 시간 규정의 필연적 조건으로서, 따라서 또한 외적 사물들의 현존을 통한 우리 자신의 현존재에 관한 내적 감관의 규정으로서, 전제된 것이다"(B278)라고 말한다. 이러한 것들을 고려하면, 「논박」의 논의는 단순히 「제1유추」의 논의를 반복하는 것에 불과하다고 해석할 수 있는 것처럼 생각될지도 모르겠다.[25]

그러나, 양자 사이에는 아무래도 양립하지 않는 다음과 같은 차이가 보인다.

① 「제1유추」가 논해지고 있는 「원칙론」은 기본적으로 범주의 현상에의 적용 가능성을 문제시하기 때문에, "실체의 도식은 **시간에 있어서** 지속적인 것의 지속성이다"(A144=B183). 즉, 그것은 '초월론적 의미'에서 내 안에 있는 것이다. 그러나 「논박」에서의

24 패이튼은 이와 같이 전제하지 않으면, 「논박」에서의 지속적인 것을 물자체로 볼 수밖에 없게 되고, 하지만 그러한 것은 칸트 이론 철학의 정합적인 해석에 저촉하고 만다고 말한다. Paton (1965, 378-380).

25 Vgl. Cohen (1885, 491-492); Strawson (1976, 126).

지속적인 것은 시간에 있는 것이 **아니라**, 순전히 공간에 있는 것이다. 앞 절에서 보았듯이 「논박」에서의 지속적인 것은 '경험적인 의미'에서 내 밖의 것(시간 안의 것)도 아니고, 그렇다고 해서 '초월론적인 의미'에서 내 밖의 것도 아니다.

② 「제1유추」에서 지속적인 것은 실체 범주의 도식인 한, 그것은 "오로지 상상력의 산물"(A140=B179), "순수하며 선험적인 상상력의 산물"(A142=B181), "상상력의 초월론적 생산물"(Ibid.)이지 않으면 안 된다. 그에 반해서, 「논박」의 지속적인 것이란 "외적 직관의 순전한 수용성을, 모든 상상물을 특징짓는 자발성으로부터 직접적으로 구별하는"(B277) 것으로서, "상상력에 귀속하지 않는 객관"(BXL I Anm.)이다.

이러한 차이들과 더불어, 「논박」의 지속적인 것을 「제1유추」의 지속적인 것으로 해석할 경우에는, 공간에는 시간적으로 규정되지 않고 남아 있는 것(「논박」의 지속적인 것)이 있다고 하는 「논박」의 논의에 대하여 설명할 수 없게 된다.[26] 애초에 '경험적인 의미'의 '내 밖'을 곧바로 '초월론적인 의미'의 '내 안'으로 간주하는 한, 「논박」의 지속적인 것의 해석은 양자택일의 문제가 될 수밖에 없다.

지금까지의 논의에 의거하면, 「제1유추」와 「논박」에서 각각의 지속적인 것은, 지속성이라는 개념을 공유하면서도 결코 동일시될 수

26 위와 같은 지적은 다음의 문헌을 참조할 것. Ameriks (2000, 120-121).

없을 것이다. 그렇다면 물자체도 아니고, 실체 범주의 도식도 아닌, 「논박」의 지속적인 것은 어떤 것일까? 다음 절에서는, 이 물음을 더욱 더 고찰하기 위하여, 내적 경험과 외적 경험의 관계에 대하여 보다 자세하게 보도록 하자.

5. "유일한 경험"에서 내적 경험과 외적 경험

「논박」에서 칸트의 테제는 "내적 경험 자체는 간접적으로만, 그리고 외적 경험을 통해서(durch)만 가능하다"(B277)라는 것이다. 칸트는 이 테제에서 내적 경험이 외적 경험을 통해서만 가능하다고 명확하게 말하고 있는데, 과연 전자가 후자를 '통해서'만 성립한다는 것은 어떠한 사태일까? 이에 대한 답을 제2판 「서문」의 주에 있는 "유일한 경험"(BXL I Anm.)에서 얻을 수 있다고 여겨진다.[27]

칸트는 「논박」과 「서문」의 주에서, 내적 경험은 외적 경험에 의해서만 가능하다고 말하면서도 양자의 관계를 다음과 같이 말하고 있다. 즉, 양자는 "필연적으로 결합하고 있으며"(B276, BXL I Anm.), "떨어지지 않고 결부되어 있다"(BXL I Anm.). 이 표현들에 의하면, 내적 경험과 외적 경험은 항상 맺어져 있고, 각각이 개별적으로 독립된 경

27 「논박」의 해석에서 '유일한 경험' 개념에 주목하는 문헌으로서는 다음의 것을 참조하길 바란다. 久保(1982, 117-137). 「논박」에서 표면상으로는 내적 경험에 대한 외적 경험의 우위가 주장되고 있지만, 실은 양자는 단순히 전자에의 후자의 일방적인 관계가 아니라는 것을 제시하기 위해서, 칸트가 일부러 '유일한 경험' 개념을 들고나왔다고 쿠보는 보고 있다.

험을 이루는 것이 아니라, 유일한 경험에서의 두 계기에 불과하다고 해석할 수 있을 것이다.[28] 그런데 칸트 인식론에서 「논박」에서의 외적 경험이란 애초에 경험이라고 부를 수 있는 것일까? 왜냐하면 「논박」에서의 외적 경험이란 시간에서 **규정되는 것이 아니라**, 어디까지나 단지 지각되는 것에 불과한 지속적인 것에 대한 "직접적 의식"(B276)이기 때문이다.

이처럼 「논박」의 지속적인 것은, 칸트 인식론의 공간에 있는 대상들과는 다르게 **경험의 대상**이 될 **수 없는** 것이다. 왜냐하면 이 장 제3절의 증명 과정에 대한 논의에서 확인하였듯이, 경험의 대상이 되기 위해서는 단순히 공간 형식에 따를 뿐만 아니라, 시간 형식에도 따라서 규정되지 않으면 안 되기 때문이다.

그렇다고 한다면 다음의 두 문장은 단적으로 모순된다고 해석할 수 있을까?[29] 즉, 「제4오류추리」에서 "외적 대상들(물체들)은 순전히 현상들이며, 따라서 또한, 내 표상들의 형식과 다름없다"(A370)라고 하는 문장과, 「논박」의 증명 과정에서 "지속적인 것의 지각은, 내 밖 사물의 순전한 **표상**이 아니라, **사물**에 의해서만 가능하다"라고 하는 문장은 과연 모순되는 것일까? 그런데 전자의 '외적 대상들(물체들)'은 경험의 대상을 가리키지만, 그에 반해서 후자의 '지속적인 것'은 지각되는 것임에도 불구하고 경험의 대상이 될 수 없으므로, 양자가 모

---

28 Cf. Bird (1962, 179).

29 스미스는 「논박」과 「제4오류추리」가 그 증명 방법만이 아니라, 결론조차도 본질적으로 대립하고 있다고 말한다. Smith (1962, 312-313).

순된다고 단언할 수는 없다.

그렇다면, 결코 경험의 대상으로 볼 수 없는 지속적인 것에 대한 지각이 내적 경험과 결부되어 유일한 경험을 이룬다고 하는 것은 어떠한 사태일까? 이것을 밝히기 위해서는 칸트가 제2판에서 「논박」을 쓴 이유로 다시 돌아가지 않으면 안 된다.

「제4오류추리」에서는 자기의식으로부터 한 발자국도 나아가지 않음으로써, 외적 대상이 주어진 것으로가 아니라 주관에 의해 산출된 것이라고 볼 수 있는 가능성을 남겼다. 그럼에도 불구하고 칸트에게 있어서는, 외적 대상은 결코 주관에 의한 산출물이 아니라 어디까지나 주어지는 것이며, 또한 그러한 근거를, 결코 주관을 넘어선 대상(물자체)에 구하는 것은 불가능하다는 것이 대전제였다. 즉 주관을 넘어선 것이 아님에도 불구하고, 외적 대상이 (산출된 것이 아니라) **주어져 있다**고 말할 수 있는 근거가, 주관과의 관계에서 찾아지지 않으면 안 되는 것이다. 그러한 것은, 주관을 넘어선 것이 아니라 어디까지나 주관과 어떠한 의미에서 관계하면서도, 게다가 결코 주관에 의해 경험의 대상으로서 인식될 수 있는 것이 아니다. 그리고 이러한 곤란에 직면하여 칸트가 제2판의 「논박」에서 들고나온 것이 바로 '지속적인 것' 및 '유일한 경험'이라는 생각이다.

지금까지 보아 온 「논박」의 지속적인 것에 대한 칸트의 단어 사용이 우리의 해석을 뒷받침하고 있다. 즉 지속적인 것은 주관과의 관계에서 지각되는 것임에도 불구하고 모든 시간 규정을 가능하게 하는 것으로서, 그 자신은 시간적으로 규정되지 않으며 따라서 경험의 대상이 될 수는 없다. 표상으로서의 모든 대상이 경험의 일정한 대상으로 규정되는 한에 있어서 경험의 **규정적** 혹은 **주제적** 대상이 될 수 있다고 한다면, 그에 반해서 지속적인 것이란 경험의 대상이 될 수 없다는 의미에서 **미규정적** 혹은 **비주제적** 대상이라고 말할 수 있을 것이다. 그리고 이미 보았듯이, 미규정적 대상으로서의 지속적인 것은 규정적 대상과 결합하여 **유일한 경험**을 형성하고 있다. 그렇다면 유일한 경험에서 양자는 어떻게 결부되어 있는 것일까?

경험 가능한 대상들이란, 공간에서 지각되고 또한 시간 형식에 따라서 규정되는 것이다. 그러나, 그러한 규정 가능한 대상을 규정적으로 주제화하면서 자신은 미규정적인 것에 머무르는 것, 이것이야말로 「논박」의 지속적인 것이다. 이러한 의미에서 미규정적 대상으로서의 지속적인 것은 어디까지나 경험의 일정한 대상으로 규정될 수는 없지만, 그러나 항상 이미 규정적 대상에 잠재적으로 동반되어 있는 것이다.

이미 보았듯이, 「논박」에서 칸트는 공간에는 시간적으로 규정되지 않은 것이 있다고 말하고 있는데, 지속적인 것이란 내 밖의 공간에 있는 것으로서 결코 일정한 규정적인 대상으로서는 나타나지 않는 것이다. 왜냐하면, 그것은 어디까지나 규정적 대상의 배경 혹은 지평으로서 지각되는 것이기 때문이다. 이처럼, 공간에서 절대 대상화할 수 없는 것, 그것의 현존재가 지각에 의한 직접적 의식을 통해서만 이해되는 것, 이것이야말로 지속적인 것을 의미한다.

이러한 의미에서의 지속적인 것이란 애초에 칸트 인식론에서 점하는 위치를 가질 수 있을까? 만약 있다면 그것은 어떻게 자리매김될 수 있을까? 생각하기에 그것은, 우리 인간의 근원적인 수용성을 드러내고 있는 것은 아닐까.[30]

이것저것의 규정적 대상(범주에 의해 규정될 수 있는 일정한 대상)은 그것의 현존재도 "상상물로부터 구별된 규칙들에 따라서, 각각의 특수한 경우에서 결정되지 않으면 안 되"(BXL I Anm.)지만, 이것저것의 외적 대상들이 아니라 모든 외적 대상 일반의 현존재를 문제시할 때는 규정적 대상뿐만 아니라 미규정적 대상의 현존재까지도 시야에 두지 않으면 안 되므로, 위와 같은 규칙들에 따라 결정할 수가 없다. 왜냐하면 "그때는, 외적 경험이 현실에 있다는 것이 **항상 그 근저에 있기**"(BXL I Anm.) 때문이다. 바꿔 말하면, 칸트는 「논박」에서 "이것저것의 경험"(B279)이 **아니라** "내적 경험 **일반**이 순전히 외적 경험 **일반**에 의해서 가능하다"(B279)라는 것을 주장하고자 하는 것이다.

규정적 대상의 현존재를 규칙에 따라서 결정하고자 하는 것 자체가, 그 규칙에 따르지 않는 미규정적 대상의 현존재를 배경 혹은 지평으로 해서만 이루어질 수 있는 것이다. 이처럼 「논박」에서의 지속적인 것이란, 그 자신은 경험의 대상이 될 수 있는 것이 아니지만, 그러나 미규정적 지평으로서 경험의 대상들을 떠받치고 있는 지반과 다름없다.[31] 이리하여 칸트는 「논박」에서, 주관으로부터 물자체로 초월

30 Vgl. 円谷(2002, 23-26).

31 Vgl. 遠藤(1985, 47-68); 山崎(1992, 25-57); 井上(1980, 1-15). 특히 이노우에는 지속적인 것을 지평으로 해석하면서 그 지반에 포함되어 있는 신체의 측면을 강조한다.

하지 않고 외적 대상의 현존 문제에 답하고자 했다. 즉 이것저것의 규정적인 대상이 주관 안에 주어져 있다는 것(범주에 의해 규정 가능하다는 것)은, 공간에서 지각의 단계에 머무르는 것으로서의 지속적인 것을 **이미** 지반으로 하고 있다는 우리 인간의 근원적 수용성을 의미하고 있는 것이다.

이상과 같이 규정적 대상의 지반을 이루는 지속적인 것은, 시간적으로 규정되는 경험의 대상이 아니라 **항상** 미규정적 대상으로서 지각의 단계에 머물러 있다.[32] 즉 외적 경험에서 지속적인 것이란, 시간 규정 그 자체를 가능하게 하며 내적 경험에서 대상을 성립시키는 것이면서도, 그 자신은 규정적 대상이 될 수 없으며 배경으로서 규정적 대상의 경험과 떨어지지 않고 그것에 항상 이미 동반되어서만 그 현존이 지각되는 것이기 때문에, 비로소 외적 경험은 순전한 "지각들의 광상곡"(A156=B195)이 아니라 내적 경험과 함께 유일한 경험을 이루는 것이 가능하겠다.[33]

32 이처럼 「논박」에서의 지속적인 것의 '지각'이란, 칸트 인식론에서 지각이 갖는 통상적인 의미(범주에 의해 규정되어야만 하는 것)에서 보자면 특이한 것이라고 할 수 있겠다. Vgl. 円谷(2002, 28).

33 스코펜은, 칸트는 「논박」에서 단지 내적 경험에 대한 외적 경험의 존재론적인 우위를 주장하고 있다고 해석한다(Skorpen (1968, 32-33)). 하지만 유일한 경험에서의 내적 경험과 외적 경험의 관계를 고려하면, 외적 경험의 존재론적 우위조차도 어디까지나 유일한 경험에서 내적 경험의 인식론적 우위와 동시에 주장되어야만 하지 않겠는가.

6. 나가는 말

일상에서 "무엇무엇이 없다", 나아가서 "아무것도 없다"라고 발언할 때, 무엇을 말하고 있는 것일까? '무엇'에 해당하는 규정적 대상이 현존하지 않음에도 불구하고, 어떻게 해서 그것이 '없다'라고 말하는 것이 가능할까? 거기서 말해지고 있는 것은 '무엇'으로서 일정한 대상이 되지 않은 지반이 이미 있다고 하는 것이 아니겠는가. 무엇무엇인 규정적 대상은 현존할 수도 있고 하지 않을 수도 있다. 그에 반해서 그 배경에 있는 미규정적 대상은 오로지 현존할 뿐이며, 현존하지 않는 것이 불가능하다. 규정적 대상의 경험이 이러한 미규정적 대상의 지각과 항상 결부되어 있기 때문에, 외적 세계라는 것의 현존은 순전히 "**신앙**상에서 받아들이는"(BXXXIXAnm., 강조는 칸트) 의심스러운 것이 아니라, **의심할 수 있는 것의 한계로서의 원(原)사실성에 기초하고 있다.**

개개의 외적 대상을 의심하기 위해서는, 경험에서 규정적 대상과 함께 유일한 경험을 이루면서 지각의 단계에 머무르는 지속적인 것의 〈확실성〉을 전제하지 않으면 안 된다. 경험에서 미규정적 대상은 '의심의 대상'조차 될 **수 없는** 것이다. 애초에 외적 세계의 존재는 의심할 수 있는 대상이 되지 않기 때문에, 이 장의 모두에서 인용하였듯이, 칸트는 외적 대상의 현존재를 의심한 적조차 없다고 말했던 것이다.

참고문헌

Allison, H. E. (1983), *Kant's transcendental Idealism*, Yale.

Ameriks, K. (2000), *Kant's Theory of Mind*, Oxford.

Bird, G. (1962), *Kant's Theory of Knowledge*, London.

Cohen, H. (1885), *Kants Thorie der Erfahrung*, Berlin.

Descartes, R. (1996), *Meditationes de prima Philosophia*, Paris.

Gochnauer, M. (1974), "Kant's Refutation of Idealism", in: *Journal of the History of Philosophy* 12.

Paton, H. J. (1965), *Kant's Metaphysics of Experience*, London.

Schopenhauer, A. (1949), *Die Welt als Wille and Vorstellung*, Mannheim.

Skorpen, E., (1968), "Kant's Refutation of Idealism", in: *Journal of the History of Philosophy* 6.

Smith, N. K. (1962), *A Commentary to Kant's 'Critique of Pure Reason'*, London.

Strawson, P. F. (1976), *The Bounds of Sense*, London.

石川文康(1994),「論争家としてのカント—"観念論論駁"をめぐって」,『現代思想』第22号.

井上義彦(1980),「カントの"観念論論駁"考」,『長崎大学教養部紀要』第20号.

遠藤寿一(1985),「外界に関するカントの証明」, 東北大学 『思索』第18号.

久保元彦(1982),『カント研究』, 創文社.

円谷裕二(2002),『経験と存在—カントの超越論的哲学の帰趨』, 東京大学出版会.

山崎庸佑(1992),「観念論論駁」, 九州大学大学院人文科学研究院 『哲学年報』第51号.

3장

초월론적 관념론에서 실재성과 존재의 관계

1. 들어가는 말

> "초월론적 철학은 **주어져 있는** 객관들을 상정하지 않고, 대상들 일반에 관계하는 모든 개념들과 원칙들의 체계에서 **오성** 그리고 이성 자신만을 고찰한다(존재론)."(A845=B873, 강조는 칸트)

이처럼 『순수이성비판』의 마지막에서 칸트는, 초월론적 철학이라고 이름 붙인 자신의 인식론이 동시에 존재론이기도 하다고 말하고 있다. 따라서 이 장의 목적은 실재성과 존재의 관계를 실마리로, 칸트 인식론이 갖는 존재론으로서의 사정(射程)을 밝히는 것이다. 그러기 위해서 먼저, 초월론적 철학이 어떠한 의미에서 존재론인가를 음미하는 것에서 시작한다(제2절). 인식론=존재론인 것을 내용적으로 확인한 뒤, 양상 범주로서의 존재(제3절), 나아가 신의 현존재에 대한 존재론적 증명에 관한 논의(제4절)를 다루면서 존재 개념의 자리매김을 밝히고, 그로 인해, 보다 넓은 지평을 갖는 존재론으로서의 초월론적 철학의 가능성을 부각시키고자 한다.

2. 존재론으로서 『순수이성비판』

초월론적 철학은 바로 존재론이지만, 애초에 칸트는 존재론을 어떠한 것으로 보고 있었는가를 우선 확인해 두도록 하자.

"존재론(Ontologie)은 … **존재자들의 학**(die Wissenschaft der Wesen) 혹은 그 단어의 의미에 따라 적절하게는 **보편적 존재자론**(die allgemeine Wesenlehre)과 같은 것을 의미한다."(XXVIII542, 강조는 칸트)

『형이상학강의』에 있는 이 정의에 의하면, 존재론은 이것저것의 **개별적** 존재자가 아니라, 모든 개별적 존재자를 가능하게 하는 **보편적** 존재자를 대상으로 한다. 바꿔 말하면 "존재론에서 사람들은 사물들 **일반**에 대하여, 따라서 본래는 어떠한 사물도 아닌 것에 대하여 논한다"(XXIX752). 따라서, 특정한 사물이 아니라 사물 일반을 문제시하는 "존재론은 사물들의 **가장 보편적인 성질**들을 다룬다"(XXVIII 174).

이처럼 존재론이란 존재자 혹은 사물의 **본질**을 밝히고자 하는 것이지만, 그 "본질이란 논리적 본질(das logiche Wesen)이거나, 그렇지 않으면 실재적 본질(Realwesen)이다"(XXVIII552). 하지만 여기서 유의하지 않으면 안 되는 것은, 존재론에서의 본질은 어디까지나 **실재적** 본질을 의미한다는 것이다. 왜냐하면 논리적 본질을 다루는 "일반논리학은 인식의 모든 내용 즉 **대상[존재자]과의 모든 관련을 도외시**하고, 그리고 인식들 상호 관계에서의 논리적 형식만을 고찰하기"(A55=B78) 때문이다.

그에 반해서 존재론은 개별적이 아니라 **보편적** 존재자론인 한 "대상들의 차이를 도외시"(A54=B78)하지만, 어디까지나 보편적 **존재자**론이기 때문에, 일반논리학처럼 존재자와 전혀 무관하게 성립하는 것이 아니다. 그렇다면 이하에서는, 위와 같이 존재자의 실재적 본질을 탐구하는 존재론과 초월론적 철학이 내용적으로 어떻게 관계하고 있는가를 보도록 하자.

초월론적 철학은 『순수이성비판』 제2판의 「서론」에서 다음과 같이 정의되고 있다.

> "나는 대상들이 아니라 대상들에 대한 우리의 인식 양식에 … 일반적으로 종사하는 모든 인식을 **초월론적**이라고 명명한다. 그러한 개념들의 체계는 **초월론적 철학**으로 불린다."(B25, 강조는 칸트)

이처럼 초월론적 철학은, 우리와 **그때그때마다** 관계되는 **이것저것의** 대상이 아니라, 오히려 **모든** 경험적 대상과 **항상** 관계할 수밖에 없는 우리의 인식 형식 그 자체를 고찰한다. 이리하여 우선, 초월론적 철학은 존재론과 마찬가지로 개별적 존재자 혹은 경험적 대상을 문제시하지 않는다는 것이 확인된다. 그렇다면 다음으로, 과연 칸트 인식론의 주제인 대상에 대한 주관의 인식 형식과, 존재론이 주제화하는 존재자(사물)의 실재적 본질은 어떠한 관계를 가지고 있는가?

이미 보았듯이 실재적 본질은 "사물들의 가장 보편적인 성질들" 즉 "모든 사물들의 현존의 필연적 조건"(B70)이다. 예를 들면, 모든 사물은 공간 · 시간에서만 존재할 수 있는 한, 공간 · 시간은 사물들의 가장 보편적인 성질이다. 하지만 칸트에 의하면 "공간과 시간은 단지 감성적 직관의 형식들이고, 따라서 **현상으로서의** 사물들이 현존하기 위한 조건이다"(BXXV). 이처럼 공간 · 시간이 "사물들 자체의 성질"(A26=B42)이 아니라 어디까지나 감성의 형식이기 때문에, 사물을 사물이게 하는 실재적 본질은 우리와 무관하게 이미 그 자체로 있는 것이 아니라, 주관의 인식 형식이야말로 사물의 실재적 본질을 이루는 것이다.[34] 따라서 칸트는 공간 · 시간의 "초월론적 관념성"과 동시에, "우리에게 대상으로서 외적으로 나타나는 모든 것에 관해서는" 공간 · 시간의 "경험적 실재성"을 주장한다.(A27f.=B44) 이처럼 주관의 인식 형식이 사물(존재자)의 실재적 본질을 이루는 한, 초월론적 철학과 존재론은 원리상 결부되어 있다고 말할 수 있겠다.

하지만 위로부터 밝혀진 것은 칸트의 인식론과 존재론은 불가분의 관계를 가진다는 것일 뿐, 전자가 바로 후자이기도 하다고는 말할 수 없을 것이다. 왜냐하면, 감성적 직관의 형식 혹은 "지각하는 우리의 방식"(A42=B59)인 공간 · 시간이 현상으로서의 모든 사물(존재자)의 보편적 성질 즉 사물이 존재하기 위한 필연적 조건이라고 해도, 공간 · 시간에서 주어지는 것은 일정한 사물이 아니라 단지 "감성의 다양한 것"(A76=B102)에 불과하기 때문이다.[35] 다시 말해 "감성 없이는 어떠한 대상도 주어지지 않는다."(A51=B75) 하지만 그때 주어지는 대상이라는 것은 어디까지나 "경험적 직관의 미규정적 대상"

34 이하에서 〈존재자〉 또는 〈사물〉은 물자체가 아니라 현상으로서의 의미로 사용한다.

35 예를 들면, 우리는 공간과 시간에서만 지각하는(보다, 듣다, 냄새 맡다, 맛보다, 만지다) 것이 가능하다. 하지만 지각함이란 어디까지나 〈어떤 것〉을 지각하는 것임에도 불구하고, 공간 · 시간에 주어지는 것은 지각의 잡다(雜多)(색, 소리, 냄새, 맛, 촉감)일 뿐이고, 통일된 그 〈어떤 것〉 즉 사물(존재자)이 아니다. Vgl. Heidegger (1962, 171).

(A20=B34)에 지나지 않고, 존재론이 그것의 실재적 본질을 묻는 규정적 대상(사물 · 존재자)이라고는 말할 수 없다. 따라서 공간 · 시간은 사물의 실재적 본질을 이루는 필요조건이라 하더라도 결코 충분조건은 아니다.

> "우리의 인식은 마음의 두 근원으로부터 생긴다. 그것들의 제1원천은 표상들을 받아들이는 능력(즉 인상들의 수용성)이고, 제2원천은 이 표상들을 통해서 **하나의** 대상을 인식하는 능력(즉 개념들의 자발성)이다."(A50=B74)

이처럼 공간 · 시간에서 주어지는 다양한 소여(所與)는, 범주에 의해 규정됨으로써만 하나의 대상 즉 사물(존재자)이라고 말할 수 있다. 따라서 감성의 공간 · 시간에서의 미규정적 대상을 일정한 대상으로(다양한 것을 하나의 사물로) 만드는 범주야말로 존재론이 문제시하는 존재자의 실재적 본질, 즉 모든 사물의 보편적인 성질들이라고 말할 수 있다. 게다가, 함께 존재자의 실재적 본질을 이루는 감성의 공간 · 시간 형식과 오성 범주의 차이는, 공간 · 시간의 "경험적 실재성"과 범주의 "**객관적** 실재성"(A155=B194)의 구별에서도 이해될 것이다.

이상과 같이 존재론이 문제시하는 존재자(사물)의 실재적 본질이 존재자(대상)에 대한 주관의 인식 능력의 형식인 감성의 공간 · 시간의 경험적 실재성과 오성 범주의 객관적 실재성에 기초하고 있는 한, 초월론적 철학은 동시에 존재론이기도 하다고 말할 수 있겠다.[36] 지금

36 그러한 의미에서 칸트는, 실제로 『순수이성비판』의 한 곳과 『형이상학강의』의 여러 곳에서

까지 우리는 존재론이라는 관점에서 칸트의 인식론을 보아 왔지만, 이 시점에서, 이 절의 모두에서 인용한 『형이상학강의』에 있는 존재론의 정의를 재확인하자.

> "존재론은 … **보편적 존재자론**과 같은 것을 의미한다."
> (XXⅧ542, 강조는 칸트)
> "존재론은 사물들의 가장 보편적인 성질들을 다룬다."
> (XXⅧ174)

이러한 정의에 의하면, 존재론의 주제적인 대상은 **존재가 아니라** 어디까지나 보편적 존재자(존재자의 실재적 본질)인 것이다. 그렇다면 다음과 같은 근본적인 의문이 생겨날 것이다. 본래 존재론은, 존재가 아니라 존재자의 본질을 밝히는 것만으로 괜찮은 것인가?[37] 바꿔 말하면, 과연 칸트는 자신의 인식론이 동시에 존재론이라고 말하면서, 그에게 존재란 보편적 존재자 즉 본질에 환원되고 마는 것인가? 따라서 다음 절 이후에서는 『순수이성비판』에서 존재 개념을 더듬어 가며 존재에 대한 칸트의 입장을 밝히고, 나아가서는 보다 넓은 의미의 존재론으로서의 초월론적 철학의 가능성에 대하여 고찰해 보도록 하자.

자신의 초월론적 철학은 동시에 존재론이기도 하다고 말한다(Vgl. A845=B873; XXⅧ185, 390, 617, 679).

37 하이데거는 종래의 형이상학(철학)에서는 존재에 대한 물음이 망각되어 있다고 지적한다. 하지만, 그에 의한 이러한 비판이 과연 칸트의 초월론적 철학에도 타당한가 어떤가라는 문제는 논의의 여지가 있을 것이다. Heidegger (1977, 2-3).

3. 양상 범주에서 존재

흥미롭게도 존재는 12개의 범주 안에 포함되어 있다. 그렇다고 한다면, 앞 절에서 확인하였듯이 객관적 실재성을 갖는 범주는 그 자신이 존재자(사물)의 실재적 본질이기 때문에, 존재는 어디까지나 존재자의 실재적 본질들 중의 하나에 불과한 위상을 가지게 된다. 또한 그러한 한에 있어서 존재는 실재적 본질에 환원되고 말 것이다. 그러나 그렇게 단정해 버리기 전에, 존재("현존재(Dasein)")가 "가능성" · "필연성"과 함께 "양상(Modalität)"의 범주에 포함되어 있다는 것에 주의하지 않으면 안 된다(A80=B106).

따라서 이하에서는 「원칙론」 제4장의 제4절 「경험적 사유 일반의 요청들」에 입각하여, 존재가 양상 범주에 속한다고 하는 것이 무엇을 함의하고 있는지를 보도록 하자.

> "양상 범주들은 그 자신이 특수한 점을 가지고 있다. 즉 양상 범주들은, 그것들이 술어로서 부가되는 개념에 관하여 객관의 규정을 조금도 증가시키지 않는다."(A219=B266)

이처럼 존재가 속하는 양상 범주가 다른 범주들(양 · 질 · 관계)과 근본적으로 다른 점은, **객관을 규정하는 술어가 아니라는** '특수성(Besonder)'에 있다. 앞 절에서 확인했듯이 객관적 실재성을 갖는 범주란, 사물(존재자)이 존재하기 **위한** 필연적 조건 즉 실재적 본질이었다. 따라서 예를 들면 '~이 있다'라고 말하기 위해서는, 그것에 앞서 그 '~(무엇무엇)'이 우선 '~이다'로 규정되지 않으면 안 된다. 또한 '~이다'(실재적 본질)가 '~이 있다'(존재)에 선행하고 있기 때문에, 비로소 우리들은 '~이 없다'라고 말할 수도 있는 것이다. 즉 사물을 사물로서 규정하는 술어(사물의 실재적 본질)란, 애초에 사물이 실제로 존재하는가 안 하는가와는 무관하게 성립하는 것이다.[38]

따라서, 이미 술어적으로 규정되어 있는 사물이 실제로 존재한다고 해서 그 사물의 규정이 더 늘어난다는 것은 있을 수 없을 것이다. 이와 같이 양상 범주는 사물을 규정하는 술어가 아닌 한, 다른 범주들에 비하면, 엄밀한 의미에서는 객관적 실재성을 가진다고는 말할 수 없고, 사물의 실재적 본질도 아닌 것처럼 생각된다. 그렇다면, 칸트는 왜 존재가 속하는 양상을 범주 안에 넣었던 것일까?

> "어떤 개념이 이미 전적으로 완벽하다고 해도, 그럼에도 불구하고 거듭 나는 이 대상에 대하여, 그것이 단지 가능적인가 아니면 또한 현실적(wirklich)인가라고 물을 수 있다."(Ibid.)

여기에서는 범주의 객관적 실재성 즉 사물(존재자)의 실재적 본질과 사물의 존재 사이의 관계를 '이미'와 '거듭'으로서 표현하고 있다. 양자의 관계를 위에서는 '이미'에 방점을 찍어 논하였지만, 이번에는

---

38 쾨르너에 의하면, 존재가 속하는 양상 범주는 사물에 대한 어떠한 정보도 포함하지 않는다. Körner (1967, 89)

'거듭'에 주목해서 생각해 보자. 분명 사물의 존재에의 물음은 그 사물의 실재적 본질이 양상 이외의 범주에 의해 밝혀진 후에 던져지지만, (앞 절에서 확인하였듯이 존재론으로서의 칸트 인식론에서) 범주의 객관적 실재성 즉 사물의 실재적 본질이란 어디까지나 사물이 **존재하기** 위한 필연적 조건임을 잊어서는 안 된다.[39] 바꿔 말하면 사물의 존재에의 물음은, 사물의 실재적 본질을 해명한 후에 '물을 수 있다'고 해서, 묻지 **않을** 수도 있는 개연적 물음이 아니라, 물을 수 있지 **않으면 안 되는** 필연적 물음이라고 말할 수 있겠다.

따라서, **가능성**에서의 사물의 실재적 본질은 사물의 존재에 선행하면서도, 애초에 실재적 본질은 존재를 지향하는 것이고, '거듭' 그 사물의 존재를 묻는 것이 불가능한 사물의 실재적 본질 따위는 원리상 불가능할 것이다.[40] 이와 같이 존재가 속하는 양상 범주는 다른 범주들과 항상 **상호 기초하는 잠재적 관계**를 가지기 때문에, 양상은 '특수성'을 가지면서도 범주 안에 포함된 것이 아니겠는가.

이상과 같이 양상 범주의 '특수성'을 살펴봄으로써, 존재가 객관적 실재성을 갖는 범주에 포함되어 있다고 해서 그것이 곧 존재가 사물의 실재적 본질에 환원됨을 의미하는 것이 아니라, 오히려 분리될 수 없이 결부되어 있는 양자의 관계를 나타내고 있다고 해석할 수 있다.

---

39 예를 들면, 「연역론」 제2절 §22의 제목 그 자체가 「범주는 경험의 대상들에의 적용 이외에는, 사물들의 인식을 위한 어떠한 사용도 가지지 않는다」라고 되어 있다.

40 카시러는, 칸트에게 사물의 가능성(사물의 실재적 본질)은 무제한적인 가능성이 아니라 어디까지나 그 사물의 현실성(존재)에 제한되지 않으면 안 되는 가능성을 의미한다고 해석한다. Cassirer (1968, 206-207).

지금까지는 양상 범주의 '특수성'으로부터 간접적으로 범주로서의 존재를 보아 왔지만, 이하에서는 범주로서의 존재란 도대체 어떠한 것인가를 직접적으로 음미하도록 하자.

> ① "사물의 **단순한 개념**에서는 그 사물의 현존재의 어떠한 특징도 전혀 발견될 수 없다."(A225=B272, 강조는 칸트)
> ② "사물들의 **현실성**을 인식하기 위한 요청은 **지각**, 따라서 의식된 감각을 요구한다."(Ibid., 강조는 칸트)
> ③ "개념이 지각에 선행한다는 것은 그 개념의 단순한 가능성을 의미하지만, 그러나 개념에 재료를 제공하는 지각은 현실성의 **유일한** 특징이다."(A225=B272)

우선 ①에서 현존재와 개념이 대비되면서, 위의 양상 범주의 논의에서 확인한 범주로서의 존재와 다른 범주의 차이가 보다 명확하게 된다. 즉 결코 개념(다른 범주)이 가질 수 없는 어느 '특징(Charakter)'을 존재(현존재)는 가지고 있다. 또한 그 '특징'에 의해서, 존재는 범주의 하나이지만, **다른 범주들과 같은 의미에서의** 객관적 실재성을 갖지 않고, 따라서 존재는 사물의 실재적 본질에 환원될 수 없다는 것도 재확인된다.

그리고, 범주로서의 존재를 다른 범주들로부터 구별하지 않으면 안 되는 이유인 그 '특징'이 바로 '지각(Wahrnehmung)'이라는 것을 ②로부터 알 수 있다. 게다가 ③에서는, 범주의 객관적 실재성(사물의 실재적 본질)은 애초에 "선험적 개념들에 의한 사물들의 가능성만을 검토한다"(A223=B270)라는 의미에서 가능성의 차원에 머물러 있고, 그러한 가능성은 어디까지나 지각이 있어야 처음 실제로 현실화되는 것이다. 이러한 의미에서, 지각을 존재의 '유일한(einzig) 특징'이라고 칭하고 있다. 이로써, 범주로서의 존재에서 '지각'이 중요한 위상을 갖는 개념으로 부상하는 것이다.

지금까지 양상 범주의 특수성 및 범주로서의 존재의 특징을 단서로, 존재와 사물의 실재적 본질(범주의 객관적 실재성)의 관계, 나아가서는 존재와 지각의 관계를 확인함으로써, 존재를 본질로부터 구별하려고 하는 칸트의 입장이 서서히 드러났다. 그렇다고는 하나, 이 절에서의 논의는 어디까지나 범주인 한에서의 존재에 대하여 그것의 소극적인 의미밖에 밝히지 못했다. 따라서, 다음 절에서는 존재에 대한 칸트의 보다 적극적인 주장에 대하여 거듭 고찰해 나아가자.

4. 존재에 관한 테제

범주의 객관적 실재성, 즉 사물의 실재적 본질을 주제적으로 묻고 있는 「분석론」에서 존재는 어디까지나 비주제적인 것이었다. 하지만 「변증론」 제3장 「순수이성의 이상」의 제4절 「신의 현존재에 대한 존재론적 증명의 불가능성에 대하여」에서는, 본질이 아니라 오히려 존재 쪽에 초점이 맞춰져 있다. 그곳에서 칸트는 존재에 대한 자신의 입장을 다음과 같이 말하고 있다.

"〔①〕 존재는 틀림없이 실재적 술어가 아니다. 즉, 〔②〕 사물의 개념에 부가할 수 있는 어떠한 것에 대한 개념이 아니다. 〔③〕 존재는 단지 사물 혹은 어떤 규정들 그 자체의 정립(Position)이다." (A598=B626)

앞 절에서 보았듯이, 존재를 범주 속에 넣음으로써 존재와, 다른 범주들의 객관적 실재성(사물의 실재적 본질)의 **불가분의 관계**를 나타내면서도, 범주로서의 존재가 갖는 **고유한 측면**을 통해 존재와, 사물의 실재적 본질을 구별하려는 칸트의 생각은 이 인용에서 명확하게 나온다. 따라서 이하에서는 위와 같은 존재에 대한 테제 속에 무엇이 함의되어 있는지를 깊이 파고들도록 하자.

우선 〔①〕 존재가 실재적 술어가 될 수 없는 논거로, 칸트는 "현실적인 것은 단순히 가능한 것 이상의 아무것도 함유하지 않는다" (A599=B627)라는 것을 든다. 이를테면, "현실적 100탈러는 가능적 100탈러보다 조금도 더 함유하지 않는다"(Ibid.). 하지만, 도대체 '현실적 100탈러'는 어떠한 의미에서 '가능적 100탈러'보다 '조금도 더 함유하지 않는' 것일까? 게다가 그러한 것이 왜, 존재가 실재적 술어가 아닌 논거가 되는 것일까?

칸트는 가능적 100탈러와 현실적 100탈러를 다음과 같이 대비시키고 있다.(Ibid.)

- 가능적 100탈러: 개념
- 현실적 100탈러: 대상 및 그 대상의 정립 그 자체

이처럼 가능적 100탈러는 단지 개념일 뿐이고, 그 개념에 대응하는 대상을 '내 재산 상태에서'(Ibid.) 가지지 않지만, 이에 반해 현실적 100탈러는 공허한 개념에 머무르지 않고 그 개념에 대응하는 대상을 실제로 가진다는 점에서 양자는 다르다. 즉 '**가능적** 100탈러'와 '**현실적** 100탈러'의 구별은 어디까지나 '100**탈러**'라는 동일한 개념에 관하여, 그 개념에 대응하는 대상이 존재하는가 아닌가에 의해 이루어지는 것이다. 따라서 100탈러라는 개념**에 대응하는 대상이라는 측면**에서 본다면, 현실적 100탈러와 가능적 100탈러는 분명 다르기는 하지만, 그 개념 **그 자체의 측면**에서 본다면, 현실적 100탈러와 가능적 100탈러는 동일한 것이다.[41]

가능적 100탈러를 현실적 100탈러로 만드는 것이 다름 아닌 존재지만, 그 존재를 실재적 술어(즉 "〔②〕 사물의 개념에 부가할 수 있는 어떠한 것에 대한 개념")로 본다면, 현실적 100탈러는 100탈러라는 개념에 대응하는 대상에서가 아니라, 100탈러라는 개념 그 자체에서 가능적 100탈러보다 더 많은 것을 함유하게 된다.

하지만 그렇게 존재에 의해서 100탈러라는 개념 그 자체의 실재적 술어가 하나 더 늘어난다면, '현실적 100탈러'에서의 '100탈러'는 '가능적 100탈러'에서의 '100탈러'와는 다른 외연을 갖게 되고, 그 때문에 양자에서의 '100탈러'는 더 이상 동일한 개념이 아니게 되고 만다. 즉, 존재가 실재적 술어인 경우에는, "〔가능적 100탈러라는〕 개

41 그럼에도 불구하고 이러한 구별도 하지 않고, 존재는 실재적 술어가 아니라고 하는 칸트의 논증을 비판하는 해석이 있다. Vgl. Shaffer (1962, 309-310).

념은 그 개념의 〔현실적 100탈러라는〕 전대상을 표현하지 않고, 또한 따라서 그 대상에 상응하는 개념조차 아니다"(Ibid.)라고 하는 자기모순에 빠지게 되는 것이다.[42]

이와 같이, "나는 한 사물을, 어떠한 술어 그리고 얼마만큼 많은 술어로(예외 없는 규정에서조차도) 〔개념에서〕 생각한다고 해도, 나아가 이 사물〔개념〕이 **있다**(ist)고 내가 부가함으로써, 그 사물〔개념〕에 더해지는 것은 조금도 없다"(A600=B628, 강조는 칸트)라는 것으로부터, 존재는 실재적 술어가 **아닌** 것이 확인되었다.[43] 하지만 존재는 실재적 술어가 아니라고 하는 것은 단지 존재에 대한 소극적인 주장에 머물러 있다고 말할 수 있겠다. 왜냐하면 존재가 실재적 술어가 아니라면, 도대체 존재는 무엇인가라는 적극적인 의문이 거듭 생겨나게 되기 때문이다.

이 절의 모두에서 인용한 존재에 대한 테제의 후반 부분〔③〕에 의하면, "존재는 단지 사물 혹은 어떤 규정들 그 자체의 **정립**이다". 즉 여기에서는, 실재적 술어가 아닌 존재가 무엇인가가 제시되어 있다.

---

42 존재는 실재적 술어가 아님을 증명하기 위해서는 100탈러 예의 논의만으로는 충분하지 않고, 나아가 존재는 개념에 포함되지 않는다는 것도 제시할 필요가 있다고 보는 해석이 있다(Forgie (2008, 8-10)). 그러나, 100탈러의 예에 앞서서 칸트는 다음과 같이 말하고 있다. "단지 그것의 가능성으로부터 생각하고자 한 어떤 사물의 개념 속에 … 그것의 현존 개념을 가져오는 것만으로, 당신은 이미 모순을 범하고 있다"(A597=B625). 왜냐하면 그러한 경우에는 가능성(개념)과 현실성(사물)의 구별 그 자체가 없어져 버리기 때문이다.

43 베넷은 개념을 완전히 규정하는 것 따위는 원래 불가능하기 때문에, 존재는 실재적 술어가 아니라고 하는 칸트의 논증 과정에는 오류가 있다고 지적한다. 하지만, 사실상 그렇다고 해도 존재가 실재적 술어인 경우에는 자기모순에 빠지는 한, 권리상 존재는 실재적 술어가 아니라고 말할 수 있을 것이다. Bennett (1974, 230).

따라서 이하에서는 존재가 "사물 혹은 어떤 규정들 그 자체의 정립이다"라고 하는 것이 의미하는 바를 밝히도록 하자.

예를 들면, "신", "전능", "하다〔이다〕"로 되어 있는 "**신은 전능하다**(Gott ist allmachtig)"(A698=B626, 강조는 칸트)라는 명제(판단)에 대해 보도록 하자. 이 명제에서 주어 개념인 '신'은 "전능"이라는 술어 개념에 의해 규정되어 있고, 그러한 규정은 "하다〔이다〕(ist)"에 의해 정립되어 있다. 즉 명제란 "술어〔전능〕를 주어〔신〕에 **관련짓는 방법으로**(beziehungsweise) 정립하는"(A599=B627, 강조는 칸트) 것이고, 그때의 "하다〔이다〕(ist)"는 "단지 판단의 빈사(Copula)에 불과하다"(A598=B626).

따라서, 우선 '사물의 정립'인 (현)존재를, 단지 개념의 정립에 불과한 존재 즉 빈사(賓辭)로부터 구별하지 않으면 안 된다. 이처럼 〔①〕 사물의 정립으로서의 존재와, 〔②〕 주어와 술어에서의 개념의 정립으로서의 존재(빈사)는, 이미 『신의 현존재를 증명하기 위한 유일하게 가능한 근거』(이하 『증명근거』로 약기) 제1부의 제1고찰에서 〔①〕 "절대적(absolut) 정립"(Ⅱ73)과 〔②〕 "관계의〔상대적〕 정립"(Ibid.)으로 구별되고 있다.[44]

"내가 주어(신)를 그것의 모든 술어(전능도 그 안에 속하지만)와 함께 **신이 존재한다**(Gott ist) … 고 말한다면, 나는 … 단지 주어 그

44 『증명근거』에서의 절대적 정립으로서의 존재와 상대적 정립으로서의 빈사 사이의 구별은 『순수이성비판』에서도 계승되고 있다고 후쿠다는 해석한다. 福田(1989, 146).

자체를 그것의 모든 술어와 함께 정립하는 것이고, 심지어 **대상**을 나의 개념과의 관계에서 정립할 뿐이다."(A599=B627, 강조는 칸트)

이 인용으로부터 '사물의 정립'으로서 존재는, 주어 '그 자체'의 정립 즉 주어 '개념'이 아니라 그 개념의 '대상'의 정립이라는 것을 알 수 있다. 이처럼 **존재는 단지 개념의 정립이 아니라 그 개념에 대응하는 "사물(대상)의 정립"인 한**, 존재는 원리상 "내 개념 밖의(außerhalb) 존재"(Ibid.)인 것이다. 바꿔 말하면 "우리는 대상에 대한 개념에다가 현존을 부여하기 위해서는 그 개념의 안으로부터 밖으로 나가지(herausgehen) 않으면 안 된다"(A599=B627).

따라서, 우리도 칸트의 '존재' 개념을 이해하기 위해서는 개념의 밖, 즉 세계로 나가지 않으면 안 될 것이다.[45] 그리고 우리와 세계를 이어 주는 것이란 다름 아닌 지각이다.[46] 왜냐하면 이미 확인했듯이 지각 없이는 세계로부터 아무것도 주어지지 않는 한, 지각의 실 없이는 우리는 개념의 밖으로 나가 세계와 관계하는 것조차 불가능하기 때문이다. 따라서 칸트의 '존재' 개념을 이해하기 위해서는, 존재와 표리 관계에 있는 '지각' 개념을 단서로 할 수밖에 없는 것이다.

45 카울바흐에 의하면 칸트에게 존재란, 항상 개념을 넘어서, 경험되는 세계로 나아가는 것을 전제한다. Kaulbach (1969, 186).

46 하이데거는, 존재의 장소인 '개념의 밖'이란 공간 · 시간에서의 지각이라고 해석한다. 또한 히가키에 의하면, 『증명근거』에서는 존재를 개념만으로 파악하려고 했던 칸트는, 『순수이성비판』에서는 지각이라는 다른 원리를 채용하게 된다. Heidegger (1962, 30-31); 檜垣(1998, 163).

5. 나가는 말

마지막으로 우리는 존재자의 본질(실재성)과 존재의 관계를 명료하게 함으로써, 종래의 철학처럼 단지 존재자(본질 · 실재성)만을 문제시하는 데 머루르지 않고 존재까지도 주제화하는 칸트 인식론이 갖는 존재론으로서의 의의를 확인하도록 하자. 칸트는 범주로서의 존재를 논할 때 "지각은 현실성의 **유일한** 특징이다"라고 말하면서도 계속해서 다음과 같이 말한다.

> "그러나 사물의 현존재가 지각들의 경험적 연결의 원칙들(유추들)에 따라서 몇몇의 지각들과 관련하고 있다면, 우리는 **사물의 현존재를 그 사물에 대한 지각에 선행해서조차 … 인식하는 것이 가능하다.**"(A225=B273)

이처럼 **사물**(존재자)**의** 존재인 경우에는, 지각은 단지 계기 혹은 유인에 불과하고, 오히려 "경험적 연결의 원칙들" 즉 "가능적 경험 일반의 형식"(A226=B273)이 우위를 가진다. 예를 들면, 우리는 자기(磁氣)를 지각할 수 없음에도 불구하고, 끌려 오는 쇳가루의 지각으로부터 범주의 연관 법칙에 따라서 필연적으로 유추되기 때문에 자기의 존재를 알 수 있다(A266=B273). 더 나아가, 애초에 출발점인 쇳가루의 지각 그 자체가 우리의 인식 형식인 공간 · 시간에서 주어지고 또한 범주(개념 · 실재적 술어)에 의해 규정되어야만 한다는 것은 이미 확인된 바다. 다시 말하면, 사물(존재자)의 실재적 본질이 사물의 존재에 선행하는 한, 당연하지만 사물의 존재는 지각만으로 성립할 리가 없고, 공간 · 시간에서 주어지는 미규정적 지각을 규정하는 범주를 반드시 필요로 한다. 그러므로, "지각은 현실성(존재)의 **유일한 특징**"이라는 칸트의 표현에서의 지각이란, 어디까지나 공간 · 시간에서 주어져 범주에 의해 **규정된 지각**을 의미하게 된다.

이상과 같이 **존재**(미규정적 지각)**는 결코 실재적 술어 내지는 개념이 아니지만, 사물의 존재**(규정적 지각)**는 항상 이미 실재적 술어에 의해 제약되어 있는 것이다.** 따라서 존재는 개념이 아니라 지각이라고 하는 입장은, 어디까지나 대상은 "그 자체가 아니라 현상으로서 우리 안에서만 현존할 수 있다"(A42=B59)라는 사물의 존재에 대한 칸트의 기본적인 입장과 무관하게 독립적으로 성립하지 않음을 결코 간과해서는 안 될 것이다.[47] 바꿔 말하면, 서로 구별되면서도 동시에 서로 환원 불가능한 실재성과 존재의 긴장 관계야말로 존재론으로서의 칸트 인식론이 우리에게 가르쳐주는 핵심이라고 말할 수 있지는 않겠는가.

47 그럼에도 불구하고 다음과 같은 해석들이 있다. 하임죄트는, 존재는 실재적 술어(개념)가 아니라고 하는 것이 곧바로 대상의 존재는 그 대상을 규정하는 개념에 의존하지 않음을 의미한다고 본다. 또한 로제펠트도, 가능적 대상은 그 대상의 개념에 의존하지만, 현실적 대상은 개념에 의존하지 않고 존재할 수 있다고 여긴다. Heimsoeth (1969, 483); Rosefeldt (2008, 667).

참고문헌

Bennett, J. (1974), *Kant's Dialectic*, Cambridge.

Cassirer, H. W. (1968), *Kant's first Critique – an Appraisal of the permanent Significance of Kant's Critique of Pure Reason*, London.

Forgie, J. W. (2008), "Kant and Existence − Critique of Pure Reason" A600=B628, in: *Kant-Studien* 99.

Heidegger, M. (1962), *Die Frage nach dem Ding*, Tübingen.

_____ (1963), *Kants These über das Sein*, Frankfurt.

_____ (1977), *Sein und Zeit*, Tübingen.

Heimsoeth, H. (1969), *Transzendentale Dialektik – Ein Kommentar zu Kants Kritik der reinen Vernunft* 3, Berlin.

Kaulbach, F. (1969), *Immanuel Kant*, Berlin.

Körner, S. (1967), *Kant*, Bristol.

Rosefeldt, T. (2008), "Kants Begriff der Existenz", in: V. Rohden, R. R. Terra, G. A. de Almeida, M. Ruffing (ed.), *Recht und Frieden in der Philosophie Kants* 2, Berlin.

Shaffer, J. (1962), "Existence, Predication and the ontological Argument", in: *Mind* 71.

檜垣良成(1998),『カント理論哲学の形成』, 溪水社.

福田喜一郎(1989),「カントの様相の理論と必然的存在者の問題」,『現代カント研究』1, カント研究会編, 理想社.

4장

『순수이성비판』에서 지각의 양의성

1. 들어가는 말

> "데이비드 흄의 경고는, 여러 해 전 처음으로 나에게 독단의 잠을 중단시키고, 또한 사변철학의 영역에서의 나의 연구들에게 완전히 다른 방향을 준 바로 그것이었다."(VI260)

『프로레고메나』의 「서문」에서 위와 같이 고백하는 칸트에게 '지각(Wahrnehmung)'은, 그의 이론 철학의 형성에서 결코 빠질 수 없는 하나의 열쇠 개념이 된다.

따라서 이 장에서는, 과연 칸트 인식론에서 지각이란 어떠한 것이며, 또한 지각과 인식의 관계, 나아가서 지각과 존재의 관계를 음미하고자 한다. 그렇게 함으로써, 초월론적 관념론에서의 지각의 내실을 밝히고, 지각과 초월론적 관념론 그 자체의 관계를 드러내 보도록 하자.

그러기 위해서 이 장의 구성은 다음과 같다. 우선 제2절에서는, 『프로레고메나』에서의 경험판단과 지각판단의 논의에 입각하여 인식과 지각의 차이를 확인한다. 다음으로 제3절에서, 분리될 수 없는 관계에 있는 인식과 지각이, 애초에 어떻게 해서 결부될 수 있는지를 보도록 한다. 그리고 제4절에서는, 과연 인식과의 관계에서 지각은 어떻게 자리매김되어 있는지를 밝힌다. 나아가서 제5절에서 지각과 존재의 관계를 발판으로 해서, 지각의 심층까지 들어가 보고자 한다.

2. 경험판단과 지각판단

주지하듯이 칸트는 『순수이성비판』에서, "경험이라고 불리는 대상에 대한 인식"(B1)은 어떻게 해서 가능한가를 묻고 있다. 그런데, 그때 주제화되고 있는 인식이란 애초에 어떠한 것인가? 인식은 다음과 같이 정의되고 있다.

> "객관적인 지각은 **인식**(cognitio)이다."
> (A320=B376f., 강조는 칸트)

이 인용에서 알 수 있듯이, 인식은 순전한 지각으로부터 구별된 **객관적인** 지각이다. 따라서 이 절에서는, 『프로레고메나』에서의 경험판단과 지각판단의 논의를 단서로, 칸트가 그것의 가능성을 문제 삼고 있는 인식과, 지각의 차이를 부각시킴으로써, "객관적인 지각은 인식이다"라는 것이 의미하는 바를 보도록 하자.

> "경험적 판단은, 그것이 객관적 타당성을 가지는 한 **경험판단이다**. 그러나, 주관적으로만 타당한 경험적 판단을, 나는 **지각판단이라고 명한다**."(Ⅵ298, 강조는 칸트)

이처럼, 경험판단은 지각판단처럼 단지 주관적 타당성이 아닌 객관적 타당성을 가지는 판단 즉 "객관적 판단"(Ibid.)이다.[48] 그렇다면,

48 그런데 칸트는 『순수이성비판』 제2판에서는 판단을, "판단, 즉 객관적으로 타당한 관계"

과연 경험판단과 지각판단을 구별하는 **객관적 타당성**이란 어떠한 것인가?

예컨대 "그 방은 따뜻하다"(VI299)와 같은 지각판단은, 어떤 방이 나에게는 따뜻해도, 같은 방이 다른 사람에게는 추울 수도 있기 때문에, 그 판단을 내리고 있는 주관에게만 타당하다. 즉 "그 방은 따뜻하다" 혹은 "그 방은 춥다"라고 하는 지각판단은 다음과 같이 바꿔 말할 수 있을 것이다. "**나는** 그 방이 따뜻하다고 지각한다", "**그는** 그 방이 춥다고 지각한다".[49] 이처럼 얼핏 보기에는 판단의 형식을 취하여 방(주어)이라는 객관에 대하여 말하고 있는 것처럼 보이는 지각판단은, 실은, 나 · 그(주어)라는 **주관** 각각의 상태에 대해 말하고 있는 것에 불과하다.[50]

그에 반해서, "경험판단의 객관적 타당성은, 바로 이 판단의 필연적 보편타당성을 의미한다"(VI298). 즉 경험판단은 그 판단을 내리고 있는 주관뿐만 아니라 다른 모든 주관에게도 예외 없이 필연적으로 타당한 판단이다. 게다가 이처럼 '객관적 타당성'이 바로 '필연적

(B142, 강조는 칸트)로 정의하고 있다. 이 정의에 의하면, 순전히 주관적이며 객관적 타당성을 갖지 않는 지각판단은 엄밀한 의미에서는, 판단의 한 종류가 아니라 애초에 판단이라고 말할 수 없을 것이다. 마일스가 지적하듯이, 『순수이성비판』 제2판에서의 판단의 정의에서 보자면 『프로레고메나』에 있는 판단으로서의 인식과 지각의 구별은 성립하지 않게 되는데(Miles (1978, 197-199)), 이 장에서는 이 문제에 관해서는 더 깊이 들어가지 않으며, 인식판단과 지각판단의 대비를 통해서 인식과 지각의 결정적인 차이를 확인하는 것에 머물고자 한다.

49 "방은 따뜻하다"를 다음과 같이 바꿔 표현하는 것도 가능할 것이다. "The room is warm" → "The room feels warm to me". Cf. Broad (1978, 138).

50 지각판단을 포함한 다양한 주관적인 판단에 관해서는 다음의 문헌을 참조하길 바란다. Sassen (2008, 269-284).

보편타당성'을 의미하는 연유는, 경험판단은 "〔지각판단처럼〕 단지 어떤 주관에 대한 지각의 관계가 아니라, 대상의 성질을 나타내기" (Ibid.) 때문이다. 다시 말해 경험판단은, 주관의 성질이 아닌 객관의 성질을 제시한다고 하는 의미에서 객관적 타당성을 갖는 것이다. 따라서, 〈인식은 **객관적인** 지각이다〉라고 하는 것은, 인식은 **객관의 성질**을 아는 것이라고 말할 수 있겠다. 게다가 〈인식은 객관적인 **지각**인〉 한, 어디까지나 인식은 지각을 배제하는 것이 아니라 **지각을 통해서** 객관의 성질을 아는 것이다.

그런데, 인식, 즉 지각을 통해서 객관의 성질을 아는 것이 애초에 가능한 것일까? 바꿔 말하면, '객관적인 지각'이라는 인식의 정의 바로 그것이 그 자신에 있어서 모순되고 있는 것은 아닌가? 왜냐하면, 이미 확인했듯이 지각은 주관적, 사(私)적이고, 결코 객관적, 보편적인 것이 아닌 한, '객관적'과 '지각'은 애초에 양립하지 않는 것처럼 보이기 때문이다.

3. 객관적 지각

칸트가 정의하는 '객관적인 지각'으로서의 인식이 불가능한 것처럼 생각된 이유는 다음과 같다. 즉, 인식은 어디까지나 지각을 통해서 객관의 성질을 제시하는 것임에도 불구하고, 지각 그 자체는 주관적이며 결코 객관적이고 보편적인 것이 아니기 때문이다. 그러나 인식이 '객관적인 지각'으로 정의되어 있는 한, 애초에 칸트에게 있어서 인식과 지각이 어떠한 관계에 있는가를 살펴보지 않으면 안 될 것이다. 칸트는 인식과 지각의 관계에 대한 자신의 기본적인 입장을 『순수이성비판』의 「서문」에서 다음과 같이 말하고 있다.

> "〔①〕 우리의 모든 인식은 경험[51]〔지각〕**과 함께** 시작할 것이나, 하지만 그렇다고 해서 〔②〕 우리의 인식 모두가 반드시 경험〔지각〕**으로부터** 생기는 것은 아니다"(B1, 강조는 칸트).

① 지각은 틀림없이 인식의 필요조건이다. 하지만 지각은 어디까지나 주관적인 것인 한, 그러한 지각을 통해서 객관의 성질을 제시하는 인식 따위는 불가능한 것처럼 보인다. 그러나, ② 지각은 인식의 필요조건일 뿐 결코 **충분조건이 아니다**. 즉 〈인식은 지각을 **통해서만** 가능하다〉라는 것과 〈인식은 **지각만을** 통해서 가능하다〉라는 것은 전혀 다른 사태이다. 이처럼 지각을 이유로 해서 인식의 불가능성을 주장하는 것은, 미리 주관과 객관의 관계를 오로지 지각에 환원해 버림으로써, 인식도 오로지 지각으로부터만 기원한다고 봤기 때문이다.[52] 역으로 말하면 지각 일원론은 우리와 세계의 관계를 한 측면에

---

51 종종 지적되어 왔듯이, 칸트는 '경험'을 '인식'과 동의어로 사용하기도 하며("경험이라고 불리는 대상에 대한 인식"(B1)), '경험'을 '인식'으로부터 구별하여 '지각'의 의미로 사용하기도 한다. Cf. Smith (1962, 54-55).

52 주지하듯이 흄은, 필연적인 지식조차도 지각의 반복에 의한 '습관(custom)'에 기초하는 개연적인 '신념(belief)'으로 여긴다. Hume (1980, 102).

서밖에 파악하고 있지 않다고 말할 수 있겠다.

이에 반해 칸트는, 우리의 인식이 대상에 따르는 것이 아니라 대상이 우리의 인식에 따르지 않으면 안 된다(BXVI)고 하는, 이른바 코페르니쿠스적 전회를 행한다. 주관과 객관은 지각을 통해서만 관계할 수 있으므로, 위의 인용은 다음과 같이 말할 수 있을 것이다. 즉, 인식이 지각에 따르는 것이 아니라 지각이 인식에 따르지 않으면 안 된다. 주관은 항상 지각을 통해서만 객관과 관계할 수 있지만, 지각 그 자체는 이미 "지각하는 우리 방식의 순수 형식"(A42=B59f.)인 공간 · 시간에 조건 지어진 것이다. 따라서 주관과 객관의 관계를 지각에만 환원하는 것은 불가능할 것이다.

나아가서는, 인식 즉 '객관적인 지각'에서의 '객관적'이라는 것의 의미도 밝혀진다. 공간 · 시간이, 지각하는 우리의 형식인 한, "공간 혹은 시간에서 … 모든 대상들은 … 연장(延長)적 존재자로서 혹은 변화들의 계열들로서 우리 사상의 밖에서는 그 자체로서 정초된 어떠한 현존도 갖지 않는다"(A490f.=B518f.).[53] 앞 절에서 보았듯이 객관성은 객관의 성질인데, 그러한 성질인 연장은 공간을 전제하고 있는 한 "주관에 근원적으로 속하는"(A43=B60) 것이다. 따라서 객관을 객관이게끔 하는 객관성은, 결코 지각하는 주관과 무관하게 "그 자체로서 객관적"(A46=B64)인 것이 아니라, 어디까지나 지각하는 주관의 형식

53 애초에 〈객관〉은, 중세 스콜라 철학에서는, 의식으로부터 독립적인 실체가 아니라 의식 내재적인 것을 의미했었다. 중세 스콜라 철학으로부터 칸트에 이르는 〈객관〉 개념의 의미 변천에 관해서는 다음의 문헌을 참조하길 바란다. Kilinç (2008, 364-365).

에 의해서만 성립하는 주관적인 객관성을 의미한다.[54]

이상과 같이, 칸트는 인식을 '객관적인 지각'으로 정의하면서, 지각 그 자체로부터는 원리상 도출할 수 없는 객관성을, 지각하는 주관의 형식인 공간 · 시간에서 찾아냄으로써 '객관적'과 '지각'을 결부시켰던 것이다.[55] 그런데, 지각은 항상 이미 공간 · 시간에 따른 것이라고 해도, 공간 · 시간은 어디까지나 주관이 **지각하는 형식**인 한, 지각 그 자체는 여전히 각각의 주관에게만 속한다. 예컨대 장미 한 송이를 지각하는 경우에, 그것의 연장(공간 형식)은 원근감을 갖는 각각의 주관에 따라 길게(크게) 지각되거나 짧게(작게) 지각되기도 한다. 게다가, 장미의 색과 향기 등의 지각도 각각의 주관에 따라 다른 사적인 것이다. 그러므로 '객관적인 지각'인 인식은, 단지 '지각'이 '객관적'인 공간 · 시간 형식에 따를 뿐만 아니라, **지각 그 자체**를 필연적 보편성을 갖도록 객관화키는 것이겠다. 즉 오성의 범주에 의해, 주관 각각의 성질인 지각이 바로 객관의 성질이 됨으로써, 비로소 인식을 '객관적인 지각'이라고 말할 수 있는 것이다.

그렇다면 객관을 구성하는 오성의 "**구성적**"(A179=B222, 강조는 칸트)인 원칙에 입각하여, 객관적인 지각이 어떻게 해서 가능한가를 보도록 하자. 양의 범주에 대응하는 오성의 제1원칙은 다음과 같은 것

54 여기서의 '주관적'이 의미하는 바에 대하여. 지각은 각각의 주관 즉 "하나의(개별) 의식"(VI 300)에 속한다고 하는 의미에서 주관적이지만, 그에 반해서 공간 · 시간은 모든 주관 즉 "의식 일반"(Ibid.)에 속한다고 하는 의미에서 주관적인 것이다.

55 로스는, 코페르니쿠스적 전회에 의해 객관성은 동시에 '형식의 주관성'을 의미하게 된다고 해석한다. Rohs (1973, 49-50).

이다.

> "직관의 공리의 원리란, '**모든 직관은 외연량이다**'라고 하는 것 이다."(B202, 강조는 칸트)

위의 장미의 예에서 보았듯이 객관의 연장(공간 형식)은 지각하는 각각의 주관에 따라서 다를 수 있다(길다/크다, 짧다/작다). 그러나 지각하는 바로 그 주관에 따라 길든지 짧든지 하는 장미의 연장은, 〈이 장미는 10센티이다〉 등과 같이 외연량으로서는 모든 주관에 보편적으로 타당하다.

다음으로 질의 범주에 대응하는 오성의 제2원칙은 다음과 같은 것이다.

> "지각의 예취(豫取)의 원리란, **모든 현상들에서 감각의 대상인 실재적인 것은 내포량 즉 도**(度)**를 가진다**고 하는 것이다."(B207, 강조는 칸트)

앞 절에서 보았듯이 "그 방은 따뜻하다" 즉 "나는 그 방이 따뜻하다고 지각한다"라고 하는 지각의 예에서, 〈따뜻하다/춥다〉라는 지각은, 추움과 따뜻함의 도(度)로 객관화된다. 즉 "그 방의 온도는 21도**이다**"라고 하는 판단은, 각각의 주관에게만 속하는 〈따뜻하다/춥다〉라고 하는 지각을 온도로 보편화시킴으로써, **주관 각각의 상태**가 아니라 방이라는 **객관의 성질**에 대한 인식을 나타내게 된다.[56] 게다가, 〈그 딸기의 당도(맛)는 12도이다〉, 〈그 장미의 명도(색)는 6도이다〉 등과 같이, 모든 특수한 지각은 내포량으로 규정됨으로써 보편적인 것이 된다.[57] 이리하여, 인식 즉 '객관적인 지각'이 가능하게 되는 것이다.

4. 인식에서의 지각

앞 절에서는, 칸트가 인식의 정의에서 '객관적'과 '지각'을 어떻게 결부시켰는지를 확인했는데, 이 절에서는 지금까지의 논의를 재음미하면서, '객관적인 지각'인 인식에서 지각 그 자체는 어떻게 자리매김되어 있는지를 보도록 하자.

인식이 지각을 통해서 객관의 성질을 알고자 하는 것인 한, 애초에 인식에서 관심은 객관 쪽으로 향해 있었다. 그렇다면 역으로, 인식에서 객관과 관계하는 한에서의 주관 쪽에 관심을 기울일 경우에는 어떻게 될까?

인식의 "객관적 타당성과 (모든 사람에 대한) 필연적 보편타당성은 교환 개념이다"(Ⅳ298).

〈그 방은 따뜻하다/춥다〉와 같은 지각은, 지각하는 주관이 **누구냐**

56 "객관의 규정 즉 인식"(B166Anm.)은 객관을 '~이다'로 규정하는 것이다.

57 카울바흐에 의하면, 인식에서 지각은 온도, 강도, 명도 등으로서 측정 가능한 것을 의미한다. Kaulbach (1969, 152-153).

에 따라 다르다. 그에 반해서 〈그 방의 온도는 12도이다〉와 같은 인식의 경우에는, 지각하는 주관이 **누구든지** 인식은 동일하며, 지각하는 주관이 누구냐와는 전혀 무관하다.[58] 바꿔 말하면, 지각에서 주관은 **특정**한 주관이지만, 인식에서 주관은 현실에서 지각하고 있는 주관 각각의 특수성이 사상(捨象)된 주관 **일반**인 것이다.

그러므로, 인식하는 주관은 공간 · 시간을 인식 형식으로 하면서도, 자기 자신은 공간에서 어떠한 장소도 갖지 않으며, 또한 그 자신은 시간에서 흐르지도 않는 그 누구도 아닌 **가능적** 주관이 되어 버릴 것이다. 게다가, 인식에서 주관이 그러한 신분을 가진다면, "현실성의 유일한 특징"(A255=B273)인 지각도 인식에서는 그 의미가 변하고 말 것이다. 인식에서 객관은 "지각 (…) 으로부터 보자면 내포량〔도〕이다"(A170=B212). 각각의 현실적 주관에게 지각이란 어디까지나 색, 소리, 맛, 냄새, 따뜻함 등의 지각이지만, 그 누구도 아닌 가능적 주관에게 지각이란, 〈그 딸기의 당도는 12이다〉, 〈그 장미의 명도는 6이다〉라고 하는 내포량으로서 단지 수에 의해 표현될 수 있는 지각을 의미하게 된다. 따라서 그렇게 변질된 의미에서의 지각을 통해서 우리와 관계하는 대상이란 색 등을 갖지 않는 수학적인 대상이라고 말할 수 있겠다.[59] "인식은 경험〔지각〕과 함께 시작한다"(B1)라고 해도, 그 때의 지각은 처음부터 인식을 위해서 추상화되어야만 하는 지각인

---

58 인식이란, 실제로는 특정한 누구에 의해서도 내려지지 않는 판단이며, 판단을 내리는 개별적인 주관을 필요로 하지 않는다고 카시러는 해석한다. Cassirer (1968, 125).

59 Cf. Weldon (1984, 161).

것이다.

인식은 지각을 통해서 객관의 성질을 제시하는 것인데, 이상과 같이 그러한 **인식에서 지각은, 생생한 있는 그대로의 현실적 지각이 아니라, 어디까지나 주관의 형식에 따라 추상화되고 만 가능적 지각으로 새롭게 자리매김된다.**

5. 지각의 구조

지금까지 보아 왔듯이, 인식에서 지각은, 색 등을 동반하는 있는 그대로의 현실적 지각이 아니라 어디까지나 내포량(도)으로서 추상화된 가능적 지각을 의미하게 되는데, 그러한 지각의 의미 변질은, 「초월론적 방법론」에 명시되어 있는 『순수이성비판』의 가장 기본적인 방법과 깊게 결부되어 있다.

> "**주어져 있는** 객관들을 상정하지 않고, 대상들 일반에 관계하는 모든 개념들과 원칙들의 체계에서 **오성** 및 이성 그 자신만을 고찰한다."(A845=B873, 강조는 칸트)[60]

60 제2판의 「서문」에 있는 초월론적 철학의 정의로부터도, 『순수이성비판』에서 칸트가 취하는 기본 방법을 확인할 수 있다. "나는 대상들이 아니라 대상들에 대한 **우리의 인식 방식을, 이것이 선험적으로 가능하다고 하는 한**, 일반적으로 다루는 모든 인식을 초월론적이라고 부른다. 그러한 개념들의 체계는 **초월론적 철학**이라 일컬어질 것이다."(B25, 강조는 칸트)

이처럼 칸트는 개별적인 대상이 아니라 대상 일반에 대한 인식의 가능성을 밝히기 위해서, **이미 현실적 지각을 통해서 결부되어 있는 우리와 대상의 관계를 일시 단절한다.** 그리한 뒤, 오히려 모든 대상과 관련할 수밖에 없는 우리의 인식 능력 그 자체를 고찰함으로써, **우리와 대상의 관계를 가능적 지각을 통해 재구축한다**고 말할 수 있을 것이다.

위와 같은 기본적인 방법으로 칸트는, 지각을 우리의 인식 능력에 따라야만 하는 것으로 새롭게 자기매김함으로써 인식의 가능성을 밝힐 수 있었다. 그러나, 과연 칸트의 인식론에서 지각이란 그러한 가능적 지각이라는 소극적인 의미에서의 지각에 머무르고 마는 것일까? 왜냐하면, 대상의 인식뿐만 아니라 대상의 존재도 고찰에 넣을 경우에는, 지각을 통한 우리와 대상의 관계를 일시 단절하는 방법 그 자체가 다시 한 번 문제시되기 때문이다. 따라서 이하에서는 대상의 존재 문제가 주제화되는 제1판의 「제4오류추리」 및 제2판의 「관념론논박」(이하 「논박」으로 약기)을 단서로, 칸트 인식론에서 지각이 갖는 보다 풍부한 내실을 파내도록 하자.[61]

「제4오류추리」에서는, "그 현존재가, 주어진 지각들의 원인으로서만 추론될 수 있는 것은, 의심스러운 현존만을 가진다"(A366f.)라고 보는 데카르트의 입장이 비판되고 있다. 그러한 데카르트의 입장에서 지각과 대상 존재의 관계란, 지각이라는 〈결과〉로부터 〈추론〉이라는

61 「제4오류추리」와 「논박」에 대한 상세한 논의는 본서의 제2장을 참조하길 바란다.

방식을 통해, 대상의 존재라는 **개연적인** 〈원인〉으로 거슬러 올라가게 된다. 즉 데카르트는 지각과 대상의 존재를 처음부터 이원론적으로 구별하고 있다고 말할 수 있겠다. 그리고 또한 지각과 대상 존재의 이원론적 구별은 동시에 대상을 "물자체"로 보는 것과 다름없다(A369). 왜냐하면, 만약 대상이 이미 그 자체로서 존재하고 있는 사물이라고 한다면, **우선** 대상이 자체적으로 존재하고, **그다음** 그 자체적인 대상이 지각된다고 하는 이(二)단계의 구조가 성립하고, 지각과 대상의 존재 사이에는 직접적인 관계가 아니라 간접적인 연관밖에 없게 되기 때문이다.

그에 반해서, 칸트는 "모든 외적 지각은 공간에서 어떤 현실적인 것을 **직접적으로** 증명한다"(A375)라고 주장한다. 이러한 칸트의 입장은 지각과 대상의 존재를 애초에 이원론적으로 나누지 않음으로써, 지각과 대상의 존재가 간접적이 아니라 직접적인 관계를 가진다고 보는 것과 다름없다. 왜냐하면, 그것의 존재가 간접적으로 추론된 대상 바로 그것이 사실 물자체가 아니라 "표상"이기 때문이다(A371). 즉 대상이란, 지각하는 형식인 공간에서만 존재할 수 있는 것인 한, 우선 대상이 먼저 자체적으로 존재하고 그다음 그것이 지각된다고 하는 이단계의 구조는 성립하지 않고, 양자 사이에는 이미 우리의 인식 능력(감성 · 오성)이 개입하고 있는 것이다.

이리하여, "표상들에 대한 직접적 지각(의식)은 동시에 그것들의 현실성에 대한 충분한 증명인 것이다"(Ibid.). 여기에서는 다음을 유의하지 않으면 안 된다. 즉 칸트 인식론은 대상의 존재를 지각으로부터 직접적으로 증명하고자 하는 것이지만, 대상의 존재와 지각의 직접적 관계란 어디까지나 **지각이 우리의 인식 형식에 따르는 한에서의 직접성**을 의미한다. 왜냐하면 위 인용에서 알 수 있듯이 직접적 지각은 표상으로서의 대상에 관계하는 것이며, 대상을 표상이게끔 하는 것은 지각 그 자체가 아니라 오히려 우리의 인식 형식이기 때문이다. 따라서, 지각은 대상의 존재를 증명하는 것으로서 중요한 위치를 점함에도 불구하고, 우리의 인식 형식에 따라 추상화된 가능적 지각이라는 지각의 의미는 앞 절에서 본 대상의 인식의 경우와 마찬가지다.

하지만, 외적 대상을 물자체가 아니라 표상(현상)으로 재파악함으로써 대상의 존재를 지각에 구하는 「제4오류추리」의 증명 방법은, 이 절의 모두에서 확인한 초월론적 철학의 기본적인 입장과는 어울리지 않는 것처럼 보인다. 바꿔 말하면, 칸트는 자신의 인식론에서는 이것저것의 특정한 대상이 아니라 모든 대상 일반에 대한 인식의 가능성을 초월론적으로 밝히고 있지만, 그러나 대상의 존재 문제에 관해서는 대상 일반이 아니라 특정한 대상의 존재만을 경험적으로 증명하고 있을 뿐이라고 여겨진다. 왜냐하면 표상에 대한 지각도, 지각인 한 어디까지나 이것저것의 특정한 대상의 존재를 그때마다 증명하는 것에 머물고 말기 때문이다. 따라서, 만약 외적 대상의 존재 문제에 관해서도 칸트의 기본적인 방법을 철저하게 하고자 한다면, **대상 이것저것의 존재뿐만 아니라 대상 일반 즉 모든 대상의 존재에 관해서 그것을 증명하고자 하지 않으면 안 될 것이다.**

그렇다면 이상과 같은 것을 염두에 두면서, 제1판의 「제4오류추리」와는 다른 증명 방법을 취하는 제2판의 「논박」을 살펴봄으로써, 칸트의 인식론에서 지각이 갖는 새로운 의미를 파내도록 하자.

> "지속적인 것의 지각은 내 밖 사물의 단순한 **표상**이 아니라, **사물**에 의해서만 가능하다."(B275, 강조는 칸트)

이처럼 제2판에서도 대상의 존재를 지각에 구하고자 하고 있는 점은 제1판과 같다. 그러나, 여기서 유의하지 않으면 안 되는 것은, 지각의 대상이 '사물의 단순한 표상'이 아니라 '사물'로 변했다는 것이다. 즉 지각은 단지 사물**의 표상**의 존재를 증명하는 것에 머물지 않고, 나아가서 지속적인 것으로서의 사물, **바로 그것**의 존재도 증명하는 위상을 갖게 된다.

그런데, 「논박」에 대한 주로서 부가된 제2판의 「서문」에서는, 외적 대상의 존재에 관해 "증명 방법**에서만**"(BXXXIX) 제1판으로부터 내용이 변했다고 말해지고 있다. 칸트의 그러한 언명에 의하면, 「제4오류추리」에서의 증명 방법 그 자체가 부정되어 내쳐지게 되는 것이 아니라, 단지 제1판에서의 증명 방법이 불충분했던 것을 칸트가 스스로 자각하여, 「논박」에서는 그 증명 방법을 **심화시켰다**고 해석할 수 있을 것이다. 따라서 지각이 사물의 표상의 존재를 증명함과 동시에 사물 바로 그것의 존재까지도 증명한다고 하는 사태를 밝힘으로써, 역으로 〈사물의 표상의 존재를 증명하는 지각〉과 〈사물 바로 그것의 존재를 증명하는 지각〉의 차이 및 양자의 관계가 밝혀지게 될 것이다.

위의 인용에 의하면, 사물 바로 그것은 사물의 단순한 표상으로부터 구별되는데, 그때 사물을 사물이게 하는 것이 바로 '지속적인 것'이었다. 즉 사물 바로 그것은 지속적인 것이기 때문에 사물이며, 사물의 표상은 지속적인 것이 아니기 때문에 표상인 것이다. 왜냐하면 공간에 있는 사물의 표상은 또한 시간에 있는 것이기도 한데, "시간에 있는 어떤 것〔표상〕은 변화하는 것"(A41=B58)이기 때문이다. 이처럼 사물의 표상이 아니라 사물 바로 그것을 특징짓는 지속성에 대하여 칸트는 다음과 같이 말하고 있다.

"이 지속성은 외적 경험으로부터 길러진 것이 아니라 … 외적인 사물의 현존을 통해서 … 전제되어 있다."(B278)

여기서는 사물의 지속성과 외적 경험 사이의 기초 관계가 표명되고 있다. 즉 지속성은, 이것저것의 외적 경험에 의해서 **나중에** 얻어진 것이 아니라, 오히려 그러한 사물의 표상에 대한 경험에 **앞서서**, 사물 바로 그것의 존재에서 전제되어 있다. 그리고 또한, 사물의 표상의 존재뿐만 아니라 사물 바로 그것의 존재조차도 결코 자체적인 존재가 아니라고 보는 것이 「논박」에서의 칸트의 기본 입장이라는 것은 말할 필요도 없다. 왜냐하면 사물 바로 그것의 존재는, 「제4오류추리」에서의 물자체의 경우와는 달리 간접적인 추론 없이 지각에 의해 **직접적으로** 증명되기 때문이다. 따라서 〈사물의 표상에 대한 지각〉은 실은 〈사물 바로 그것에 대한 지각〉을 전제하고 있는 것이 된다.

그렇다면 과연 사물의 표상의 존재를 증명하는 지각에 앞서는 또 하나의 숨겨진 지각이란 무엇일까? 또한 그 지각에 의해 항상 그것의 존재가 이미 전제되어 있는 지속적인 것으로서의 '사물'이란 애초에 어떠한 것일까? 얼핏 보기에, 표상(현상)이 아니라 또한 그렇다고 해서 물자체도 아닌 '사물'이란, (「감성론」과 「분석론」에 한정된) 칸트 인식론 그 자체를 넘어서 버리는 것처럼도 보인다.[62]

그러나 「변증론」의 세계 이념까지 시야를 넓히면 어떻게 될까? 그렇게 할 경우, 표상(현상)도 물자체도 아닌 '사물'을 어디까지나 칸트 인식론 안에 자리매김하는 것이 가능하지 않겠는가? 그렇게 해석하는 쪽이, 이것저것의 대상이 아니라 대상 일반의 인식 가능성을 묻는 칸트의 기본적인 자세에도 정합적이라고 말할 수 있겠다. 즉, **이것저것의 대상**(사물의 표상)**의 존재가 그때마다 지각에 의해 증명될 때에는, 대상 일반 즉 모든 대상**(사물 바로 그것)**인 세계의 존재도 항상 지각에 의해 이미 증명되어 있다고 보는 것이, 「제4오류추리」와 「논박」 모두에 입각한 칸트의 전체적인 입장**이라고 말할 수 있지 않겠는가.

이상과 같이 외적 대상의 존재 문제에 관한 논의를 살펴봄으로써, 현상의 지각과 그것의 심층을 이루는 세계의 지각이라는, 지각의 양의성을 확인할 수 있었다. 즉, 현상의 인식 및 존재에서의 현실적 지각은 우리의 인식 형식에 따라 추상화되어야만 하는 것이었지만, 그

62 "실체 개념의 근저에 직관으로 놓을 수 있는 지속적인 것을, 단지 물질(Materie) 이외에는 어떠한 것도 가지지 않는다"(B278)라는 것으로부터, 칸트는 「논박」에서의 지속적인 것을, 「제1유추」에서의 실체 범주의 도식으로서의 "지속적인 것"(A183=B226)으로부터도 의식적으로 구별하고 있다는 것이 확인된다.

러한 현상의 지각은 어디까지나 대문자 지각이라는 빙산의 일각에 불과하며, 수면 하에는 인식의 형식에 따르게 하여 추상화시키는 것 따위는 결코 불가능한 근원적인 세계의 지각이 숨어 있다고 하는 근본 사실을, 칸트의 초월론적 철학은 우리에게 알려 준다.

참고문헌

Beck, L. W. (1978), *Essays on Kant and Hume*, Yale.

Broad, C. D. (1978), *Kant*, Cambridge.

Cassirer, H. W. (1968), *Kant's first Critique – an Appraisal of the permanent Significance of Kant's Critique of Pure Reason*, London.

Hume, D. (1980), L. A. Selby-Bigge (ed.), *A Treatise of Human Nature*, Oxford.

Kaulbach, F. (1969), *Immanuel Kant*, Berlin.

Kilinç, B. (2008), "Concepts of Objectivity in Kant", in: V. Rohden, R. R. Terra, G. A. de Almeida, M. Ruffing (ed.), *Recht und Frieden in der Philosophie Kants* 2, Berlin.

Miles, M. (1978), "Kant's 'Copernican Revolution' — Toward Rehabilitation of a Concept and Provision of a Framework for the Interpretation of the Critique of Pure Reason", in: *Kant-Studien* 97.

Rohs, P. (1973), *Transzendentale Ästhetik*, Meisenheim.

Sassen, B. (2008), "Varieties of subjective Judgments – Judgments of Perception", in: *Kant-Studien* 99.

Smith, N. K. (1962), *A Commentary to Kant's 'Critique of Pure Reason'*, London.

Wilson, M. D. (1984), "The 'Phenomenalisms' of Berkeley and Kant", in: A. W. Wood (ed.), *Self and Nature in Kant's Philosophy*, New York.

2부 초월론적 관념론과 세계

5장

초월론적 객관 개념의 다의성

1. 들어가는 말

"눈 떠, 네오(Wake up, Neo)." 1999년의 영화 〈매트릭스(Matrix)〉에 의하면, 우리가 경험하고 있는 세계는, 실은 인공지능을 가진 컴퓨터에 의해 만들어진 전자기호에 불과하다. 주인공인 네오는 위와 같은 부름을 계기로 진짜 세계와 만나고, 인공지능 컴퓨터와 싸워 나가는 것이 그 영화의 줄거리다. 이처럼 우리의 현실 세계를 가상 세계로 보고, 그 피안(彼岸)에는 진짜 세계가 분명 있을 것이라는 발상은 흥미 깊은 이야기다. 그러나 그것은 단지 매력적인 이야기에만 머물지 않고, 실제로 우리가 경험하고 있는 이 세계의 배후에는 그것을 가능하게 하는 또 다른 세계가 있을지도 모른다는 가능성을 던지고 있다.

따라서 이 장에서는, 영화 〈매트릭스〉에서 보이는 **이**(二)세계론, 즉 일상에서 우리가 다양한 대상을 경험하면서 살고 있는 이 세계의 **유일성**을 부정하는 생각에 대하여, 경험 그 자체의 가능성을 문제시하는 칸트의 인식론을 단서로 고찰하고자 한다. 그때 고찰의 방법으로서 『순수이성비판』을 관통하고 있는 '초월론적 객관' 개념을 더듬어 가면서, 현실 세계의 유일성이 부정되어, 또 다른 피안의 세계가 있을지도 모른다는 가능성의 내실을 밝히고, 나아가서는, 그러한 가능성의 발생 메커니즘까지 거슬러 올라가 보도록 하자.

이상과 같은 방법과 목적에 입각하여 이 장은 다음과 같이 구성된다. 칸트에게는 감성 · 오성 · 이성이라는 인식 능력과 세계의 관계가 경험인데, 그 인식 능력들 중에, 우선 감성 및 오성과 초월론적 객관이 어떻게 연관하고 있는가를 음미한다(제2절, 제3절). 다음으로, '예지체' 개념을 살펴봄으로써 감성과 연관하는 초월론적 객관을 칸트 인식론 안에 재차 새롭게 자리매김하고, 〈이세계론〉과 〈칸트 인식론〉의 차이를 드러낸다(제4절). 마지막으로, 이성과 연관한 초월론적 객관의 고찰을 통해서, 〈칸트 인식론〉과 〈이세계론〉의 관계를 밝힌다(제5절).

2. 초월론적 객관과 물자체

경험이 어떻게 해서 가능한가를 묻고자 한다면, 당연하지만 경험하는 우리와, 우리가 경험하는 대상의 관계에 대하여 묻지 않으면 안 된다. 왜냐하면 우리와 대상 사이의 관계가 경험과 다름없기 때문이다. 이처럼 경험에서 밀접, 불가분하게 결합되어 있는 우리와 대상의 관계에 대하여, 칸트는 자신의 기본적인 입장을 『순수이성비판』 제2판의 「서문」에서, 코페르니쿠스적 전회에 비유하며 다음과 같이 제시하고 있다.

> "우리의 인식이 대상에 따르지 않으면 안 되는 것이 아니라, 대상들이 우리의 인식에 따르지 않으면 안 된다."(BXVI)

그렇다면 우리가 갖고 있는 감성 · 오성 · 이성이라는 인식 능력

중에, 우선 감성을 주제적으로 논하고 있는 「감성론」의 「초월론적 감성론을 위한 일반적인 주해(注解)」 절에 기초해서, 위와 같은 칸트의 입장이 어떠한 것인가를 보도록 하자.[1]

> "우리는 무지개를 여우비가 내릴 때의 순전한 현상이라고 명명하고, 그에 대해서 이 비를 사상(事象) 자체 바로 그것이라고 명명한다."(A45=B63)

그렇다면 위와 같이 우리가 일상에서 사상 자체 바로 그것(비)과 현상(무지개)을 구별하는 근거는 어디에 있는 것일까?

- 비: "모든 인간적인 감관 일반에 타당한 것"(A45=B62)
- 무지개: "단지 이것저것 감관의 특수한 위치 혹은 조직에만 타당한 것"(Ibid.)

즉 비는, 각각의 사람과 상관없이 동일하게 보이기 때문에, 우리의 **관념 밖**에 그 자체로 존재한다고 하는 의미에서 "대상 자체"(A45=B63), "사물들 자체"(Ibid.)로 여겨진다. 그에 반해서, 무지개는 각각의 사람에 따라 보이기도 보이지 않기도 혹은 색이 다르게 보이기도 하기 때문에, 사람 각각의 **관념 안**에서만 존재한다고 하는 의미

1 애초에 인식과 대상은, 위와 같은 양자택일의 관계가 아니라, 인식이 대상에 따름과 동시에 대상이 인식에 따른다는 제3의 입장이 있을 수 있으나, 이 장에서는 칸트에 따라서 논의를 진행하도록 한다.

에서 "현상"이라고 불린다. 이처럼 일상에서 비와 무지개를 물자체와 현상으로 구별하는 것은, 예컨대 장미꽃과 장미의 색을 생각해도 이해될 것이다(A29f.=B45).

그러나, 위와 같이 비(장미)와 무지개(장미의 색)를 각각 물자체와 현상으로 나누는 "구별은 단지 경험적인 것에 불과하다"(A45=B62). 일상에서 우리가 하고 있는 "경험적 구별"에 대하여, 칸트는 재차 "초월론적 구별"(Ibid.)을 제시한다. 경험적 구별에서 물자체로 여겨진 비와 장미는, 초월론적 구별에서 보자면 어디까지나 "순전한 현상"(A46=B63)이 된다. 즉 초월론적 구별에서는, 비(장미)는 우리의 〈관념 밖〉에 존재하는 물자체가 아니라, 어디까지나 우리의 〈관념 안〉에 존재한다. 그렇다면 경험적 구별에서는 관념 밖의 것(물자체)으로 여겨진 비와 장미가, 왜 초월론적 구별에서는 관념 안의 것(현상)으로 재파악되는 것일까?

우리가 경험적 구별에서 비(장미)를 물자체로 보았던 이유는, 비(장미)가 무지개(장미의 색)의 경우처럼 각각의 사람과의 관계에 따라서 변하는 것이 아니라, 모든 사람에게 타당한 것이기 때문이었다. 하지만 그러한 이유는 미리 다음과 같은 것을 소박하게 전제하고 있는 것이 된다.

> "공간과 시간은, 그 자체로서 객관적이며, 또한 사물들 자체의 가능성의 조건들이다."(A46=B64)

비와 장미 등의 모든 대상은 언제나 공간과 시간에서만 경험된다. 즉 무지개(장미의 색)와는 다르게 비(장미)는 일정한 공간(시간)을 점하고 있기 때문에, 우리 관념 안의 것이 아니라 우리 관념 밖의 것으로 모든 사람에게 타당하다고 여겨진다. 따라서 공간과 시간에 있는 비(장미)를, 우리 관념 밖의 물자체로 볼 때에는, 암암리에 공간과 시간도 우리와 무관한 자체적인 존재로 보고 있는 것이 된다. 하지만 칸트는 공간과 시간에 대한 그러한 상식적인 파악 방식을 근본에서부터 뒤집는다.

> "공간과 시간은 모든 (외적과 내적) 경험의 필연적인 조건들로서, 모든 우리 직관의 순전한 **주관적** 조건들이다."(A49=B66)

공간과 시간은, 실은 우리의 〈관념 밖〉에 그 자체로 존재하는 것이 아니라 "주관에 근원적으로 속해 있는"(A43=B60) 감성의 형식인 것이다.[2] 게다가 공간과 시간은 어디까지나 우리가 갖고 있는 형식인 한, 공간과 시간에서만 경험되는 비(장미)도 우리의 〈관념 밖〉에 존재하는 물자체가 아니라, 우리의 〈관념 안〉에 존재한다고 하는 의미에서 "현상"인 것이다. 이리하여 칸트는, 비와 장미 등의 대상을 관념 밖의 물자체가 아니라, 우리 감성의 공간 · 시간 형식에 따라서만 경험

---

2 여기서 유의해야만 하는 것은, 공간과 시간이 물자체가 아니라 주관에 속하는 형식이라고 할 경우의 주관이란, 이것저것의 개별적인 주관(나)이 아니라 모든 주관 즉 주관 일반(우리)을 의미한다는 것이다.

될 수 있는 관념 안의 현상으로 새로이 파악하는 것이다.

하지만, 우리가 경험하는 비(장미)가 우리 관념 안의 현상이라고 해서, 비(장미)의 **존재**도 우리가 산출한 것은 물론 아니겠다. 왜냐하면 우리 인간은 신처럼 비와 장미 등 모든 **존재**를 산출할 수 있는 "지성적 직관"(B72) 따위를 갖고 있지 않기 때문이다. 즉 "수용성"(A19=B33)으로서의 우리 인간의 직관이 "감성적이라고 불리는 것은 … 객관의 현존재에 의존하고 있기 때문이다"(A28=B44). 따라서 비와 장미 등 경험 대상의 존재는, 우리에 의해 산출된 것이 아니라, 공간 · 시간 형식을 통해서 "**주어지는**"(A19=B33, 강조는 칸트) 것이다.

우리의 관념 안에 있는 현상이 어디까지나 주어지는 것인 한, 우리가 현상을 경험하기 위해서는 그 자신은 현상이 아닌 어떤 것이 우리의 관념 밖에 반드시 존재할 것이라는 생각에 다다르는 것도 자연스러운 흐름일 것이다. 이러한 사태에 대하여 칸트는 다음과 같이 말하고 있다.

> "대상들을 사물들 자체로서 인식할 수 없음에도 불구하고, 그러나 적어도 **사유하는** 것은 가능하지 않으면 안 된다는 것은 역시 항상 유보되어 있다. 왜냐하면, 그렇지 않다면 현상은 그곳에서 현상하는 어떤 것 없이 존재하는 불합리한 명제가 그곳에서 생기기 때문이다."(BXXVI, 강조는 칸트)

우리는 감성의 공간 · 시간 형식에 따라서 현상만을 경험하는 것이 가능한 한, 우리의 〈관념 안〉을 초월해서 우리의 〈관념 밖〉에 존재하는 물자체를 경험하는 것 따위는 불가능하다. 바꿔 말하면, 우리의 경험 대상은 현상과 같은 "경험적 객관"(A46=B63)에 제한되어 있으며, 물자체는 (그러한 것이 존재하든 존재하지 않든) 결코 **경험의 대상은 될 수 없다**는 의미에서 "초월론적 객관"(Ibid.)인 것이다. 그럼에도 불구하고, 우리가 스스로 현상의 존재를 산출한 것이 아닌 한, 관념 안의 현상을 존재하게 하는 관념 밖의 물자체를 상정하는 것은 타당한 추론일 것이다.

이상과 같이 「감성론」에 정위하는 한, 경험의 대상을 물자체가 아니라 우리의 형식(공간, 시간)에 따르는 현상으로 보는 칸트의 초월론적 관념론은, 현상을 현상이게끔 하는 물자체의 존재를 미리 전제한 이론으로 여겨지기 일쑤다.[3]

그런데, 과연 칸트의 초월론적 관념론은 그러한 **이세계론**인 것일까? 왜냐하면 칸트의 인식론과 영화 〈매트릭스〉와 같은 이세계론 사이에는 다음과 같은 근본적인 차이가 있기 때문이다. 즉 영화 〈매트릭스〉에서는, 주인공 네오가 우리의 세계를 초월해서 그 피안에 있는 진짜 세계를 **실제로 경험할 수 있었다**. 그에 반해서 위의 인용에 의하면, 우리는 현상의 세계를 초월해서 그 피안에 있는 물자체의 세계를 **결코 경험할 수 없고**, 물자체의 세계를 **단지 사유할 수 있지 않으면 안 될 뿐**이다. 따라서, 칸트 인식론이 우리의 〈관념 밖〉에 존재하는 물자체를 미리 전제한 이세계론인가 아닌가를 확정하기 위해서는, 물자체

3 위와 같은 해석의 전형으로 다음의 문헌을 들 수 있다. Adickes (1924).

를 사유하는 사태 바로 그것의 내실을 밝히지 않으면 안 될 것이다.

3. 초월론적 객관과 통각의 상관자

앞 절에서는 칸트 인식론을, "감성을 고립시키는"(A22=B36) 「감성론」에서만 검토했지만, "사유하는 능력"(A69=B94)인 오성까지도 시야에 두는 「분석론」이 되면 다음과 같이 말해지고 있다.

> "감성 없이는 어떠한 대상도 우리에게 주어지지 않을 것이며, 또한 오성 없이는 어떠한 대상도 사유되지 않을 것이다. 내용 없는 사유는 공허하며, 개념들 없는 직관들은 맹목적이다."(A51=B75)

우리의 인식이 대상에 따르는 것이 아니라 대상이 우리의 인식에 따른다고 하는 칸트의 코페르니쿠스적 전회는, 경험의 대상인 비와 장미 등의 현상이 단지 감성의 공간 · 시간 형식을 통해서 주어질 뿐만 아니라, 나아가서 오성 범주에 의해 규정되지 않으면 안 된다는 것을 의미하고 있다. 이처럼 '주어지는' 것과 '사유하는' 것은 떼려야 뗄 수 없이 결부되어 있다. 따라서 (현상이 '주어진다'고 하는 것만으로) 칸트의 인식론이 물자체처럼 경험 불가능한 대상을 전제한 이세계론이라고 단정하기 전에, '사유하는' 능력으로서의 오성과 초월론적 객관의 관계도 고려해서 고찰할 필요가 있을 것이다. 그래서 「모든 대상 일반을 현상체들과 예지체들로 구별하는 근거에 대하여」의 절을 단서로 하여 오성과 초월론적 객관의 관계를 음미하면서, **물자체를 사유한다**고 하는 사태 속으로 들어가 보도록 하자.

> "오성은 현상들을, 감성적 직관의 대상으로서의 **어떤 것**에 관계시킨다. 그러나 이 어떤 것은 그러한 한에 있어서 초월론적 객관과 다름없다."(A250, 강조는 칸트)

이처럼 감성의 공간 · 시간 형식을 통해서 주어지는 비와 장미 등의 경험 대상은 오성 범주에 의해 규정되는 현상인데, 그렇게 오성이 현상을 사유하는 것은, 동시에 그 현상을 '어떤 것'과 결부시키는 것이다. 하지만 우리가 경험할 수 있는 대상은 현상에 제한되어 있기 때문에, 그 자신은 현상이 아닌 '어떤 것'은 우리에게 경험의 대상이 될 수 없다는 의미에서 초월론적 객관이며, 그러한 한 "그것에 대하여 우리는 전혀 모르며, 게다가 … 알 수 없는 것=X"(Ibid.)다. 「감성론」에서 보았듯이 우리에게 경험 불가능한 대상은 물자체이기 때문에, 얼핏 보기에 오성이 현상을 관계시키는 '어떤 것=X'란 물자체를 지시하는 것처럼 해석될 수도 있다.[4] 하지만 '어떤 것=X'도 물자체도 우리에게 있어서 경험 불가능한 대상 즉 초월론적 객관이라고 해서, 양자를 바로 동일시하는 것이 가능할까? 왜냐하면 칸트는 다음과 같이 말하고 있기 때문이다.

---

4 Cf. Smith (1962, 204).

"초월론적 객관은 단지 감성적 직관의 다양한 것을 통일하기 위한 통각의 통일의 상관자로서 … 인식의 어떠한 **대상 자체도 아니고**, 대상 일반의 개념 아래에 있는 현상들의 표상에 불과하며, 그 대상 일반의 개념은 다양한 것을 통해서 규정될 수 있다."(A250f.)

이 인용에서 알 수 있듯이, 「분석론」에서 오성이 현상을 관계시키는 "어떤 것"이란, 물자체처럼 "우리에게는 미지인 채로 있음"(A46=B63)에도 불구하고, 칸트에 의해 물자체로부터 자각적으로 구별되어, 통각의 통일의 상관자로서의 '대상 일반'을 의미하는 것이다. 즉 '대상 일반'은 물자체처럼 초월론적 객관이면서도, **양자는 각각 다른 이유 때문에**, 우리에게 경험 불가능한 대상이 되는 것이다. 우리가 물자체를 경험할 수 없는 까닭은, 그것이 우리와 단절되어 자체적으로 존재하는 것이기 때문이었다. 그에 반해서 '대상 일반'은 어디까지나 통각의 상관자로서, 우리와 관계를 맺고 있다는 점에서 물자체와는 다를 것이다.[5]

그렇다면, 과연 '대상 일반'은 어떠한 이유에 의해 경험될 수 없는 대상인 것일까? 통각의 상관자로서의 대상 일반이 왜 초월론적 객관인가를 밝히기 위해서, ① '통각'이란 어떠한 것이며, ② '통각의 상관자'란 어떠한 의미인가를 확인하도록 하자.

---

5 「감성론」의 초월론적 객관(물자체)과 「분석론」의 초월론적 객관(대상 일반)을 동일시하지 않는 해석으로 다음의 것을 들 수 있다. 高坂(1939, 87-90); 岩隈(1980, 1027-1028); Allison (1968, 182-183).

① "**나는 사유한다**(Ich denke)고 하는 것은, 모든 나의 표상들에 동반될 수 있어야만 하는 … 자발성의 작용이다."(B131f., 강조는 칸트)

우리가 접하면서 생활하고 있는 비와 장미 등의 다양한 대상은, 감성을 통해서 주어지며 또한 오성에 의해 사유되는 현상이다. 그런데 감성의 공간 · 시간 형식을 통해서 주어지는 현상들에 대해서 **그때그때** 행해지는 오성의 범주에 의한 규정은, **항상** '나'에 의해서 이루어지고 있다. 즉 우리가 경험하는 현상이 어떤 것이든, 모든 현상은 언제나 "나는 사유한다"고 하는 통각의 통일에서 규정되지 않으면 안 된다. 따라서, "**초월론적 통각**"(A107, 강조는 칸트)은 "**경험적 통각**"(Ibid., B132, 강조는 칸트)처럼 **그때그때 이것저것의 현상**과 관계할 때도 하지 않을 때도 있는 것이 아니다. 그렇지 않고, 초월론적 통각은 "**모든 경험에 선행해서**, 경험 그 자체를 가능하게 하는 조건과 다름없는"(A107) "근원적인 초월론적 조건"(A106)이다. 그러한 초월론적 통각과 '대상 일반'의 관계에 대하여 칸트는 다음과 같이 말하고 있다.

② "통각은 오히려 모든 결합의 원천으로서 … 감성적 직관에 선행해서 객관 일반과 관계한다."(B154)

위에서 보았듯이 우리는, "**나는 〔무언가를〕 사유한다**"고 하는 초월론적 통각의 보편적인 형식에 따라서만, 그때그때 특정한 현상과 관계할 수 있다("나는 비를 사유한다" 혹은 "나는 장미를 사유한다"). **따라서** 비와 장미 등의 이것저것 개별적인 현상이 주어지고 사유될 때, 이미 그 근저에서 항상 활동하고 있는 통각이 관계시키는 '대상 일반'이란, **"나는 〔무언가를〕 사유한다"**는 구조에 이미 포함되어 있는 '〔무언가〕'라는 통각의 형식 그 자체를 의미할 것이다.[6] 이리하여, 통각("나는 〔무언가를〕 사유한다")의 상관자로서의 '대상 일반'(〔무언가〕)은 어디까지나 "나는 비 · 장미를 사유한다"와 같이 현상을 범주에 의해 **규정하기 위한** 형식이기 때문에, 그 자신은 현상처럼 범주에 의해서 **규정되는** 경험의 대상이 될 수 없는 초월론적 객관인 것이다.

이상과 같이, 통각의 통일을 위한 자발성의 작용과 연관된 「분석론」에서의 '대상 일반'은, 수용성을 갖는 공간 · 시간 형식이 감성적인 한 사유할 수 있지 않으면 안 되는 「감성론」에서의 물자체처럼 초월론적 객관이면서도, **양자는 확연히 다른 이유 때문에, 우리에게 경험의 대상이 될 수 없는 것이다.**[7] 그렇다면 비와 장미 등의 현상의 인식을 가능하게 하는 통각의 상관자로서의 '대상 일반'은, 현상의 존재를 보증한다고 여겨진 물자체를 사유하는 것과 어떻게 관계하는 것일까? 양자의 관계를 묻는 것은, 칸트 인식론이 과연 이세계론인가

6 Vgl. Deleuze (1963, 25).

7 파이힝거는, 칸트가 '초월론적 객관' 개념을 「감성론」과 「분석론」에서 각각 양립 불가능한 두 개의 의미로 부정확하게 사용하고 있다고 지적한다. 또한 카시러는 물자체도 '대상 일반'도 초월론적 객관으로 불리고 있다는 것에 의거해서, 전자를 후자에 환원하고자 한다. 그러나, 초월론적 객관은 어디까지나 **우리가 경험할 수 없는 대상**이라는 의미를 가지는 한, 초월론적 객관은 물자체도 대상 일반도 자신 안에 포섭할 수 있는 개념이라는 것을 주의하지 않으면 안 될 것이다. Vaihinger (1922, 464); Cassirer (1991, 749-750).

아닌가라고 하는 문제로 이어질 것이다.[8]

> "이 초월론적 객관〔대상 일반〕은 감각적인 여건으로부터 결코 분리될 수 없는데, 분리된 경우에는 그 초월론적 객관에 의해 사유되는 어떠한 것도 남지 않기 때문이다."(A250f.)

이처럼 '대상 일반'은 '주어지는' 것과 뗄 수 없이 엮여 있다. 우리는 신처럼 단지 사유하는 것만으로, 사유된 것이 산출될 수 있는 "신적 오성"(B145)을 갖고 있지 않다. 따라서 감성의 공간 · 시간 형식을 통해서 직관이 **주어져서**, "나는 **〔대상 일반을〕** 사유한다"고 하는 통각의 형식이 내용을 가짐으로써만, 오성은 현상을 인식할 수 있다. 그에 반해서, 물자체의 경우에는 감성에는 어떠한 것도 주어지지 않는 한, "나는 〔대상 일반을〕 사유한다"고 하는 통각의 형식은 공허한 채로 있고, 오성은 어떠한 것도 인식할 수가 없다. 이리하여 오성 범주의 사용은 다음과 같이 제한된다.

> "오성은 경험으로부터 빌려 온 것이 아니라 자기 자신 안으로부터 얻어 오는 모든 것을, 그럼에도 불구하고 오로지 **경험적으로 사용할 목적으로만** 갖고 있다."(A236=B295f.)

---

8 칸트의 인식론을 이세계론으로 전제한 뒤, '대상 일반'을 곧바로 물자체와의 관계로부터 이해하려는 해석이 있지만(Paton (1965, 424)), 애초에 그러한 전제가 타당한지 아닌지를 밝히기 위해서, '대상 일반'을 물자체가 아니라 어디까지나 물자체를 **사유한다**고 하는 사태에 관련시켜서 고찰하도록 하자.

"나는 〔대상 일반을〕 사유한다"고 하는 통각의 형식에 따르는 오성은 언제나 현상을 인식하기 위하여 사유하는 능력이며, 오성이 현상을 사유하는 것은 **동시에** 인식하는 것이다. 그러나 우리가 현상의 존재 근거로서 물자체를 사유할 때는, 사유하는 것은 바로 인식하는 것이 아니다. 즉 '대상 일반'은 어디까지나, 오성이 경험의 대상인 현상을 인식하기 위해서만 사유하는 형식과 상관적이기 때문에, **인식될 수 없는 물자체를 사유하는** 범주의 "초월론적 사용은 그 자체가 불가능하다"(A248=B305).

지금까지 보아 왔듯이, 오성의 '사유한다'는 것과 감성의 '주어진다'는 것은 불가분의 관계에 있는 한, 주어지지 않는 물자체를 사유한다고 하는 것은, 감성에 의존해서만 사용이 인정되는 오성의 활동에서 보자면 **분명 처음부터 불가능한 사태**일 것이다. 따라서 다음 절에서는, 물자체처럼, 통각의 형식(나는 〔대상 일반을〕 사유한다)에 **따라서 현상**을 사유하는 오성의 능력을 **넘어서 있는** 사태와 관계하는 '예지체' 개념을 단서로, 칸트 인식론이 물자체를 전제한 이세계론인가 아닌가를 밝히도록 하자.[9]

9 예지체를 단서로 한 물자체의 해석은 본서 제1장의 제3절에서 상세하게 논했으므로, 다음 절에서는 간략하게 요점만 논하도록 하자.

4. 초월론적 객관과 예지체

감성의 공간 · 시간 형식을 통해서 주어지고, 또한 오성이 통각의 형식에 기초하여 범주에 의해 규정한 현상이 "현상체"(A249)와 다름없는데, 그것의 대(對)개념인 예지체에 대해서는 다음과 같이 말해지고 있다.

> "현상에는 그 자신은 현상이 아닌 어떤 것이 대응하지 않으면 안 된다는 것은 현상 일반의 개념으로부터 자연스러운 결과로 생긴다. … 그 어떤 것이란 그 자체로서 … 감성에 의존하지 않는 어떤 대상이지 않으면 안 된다."(A252f.)

예지체는 물자체와 동일한 이유로부터, 즉 현상은 어디까지나 감성의 공간 · 시간 형식을 통해서 우리의 〈관념 안〉에 주어지는 것이라고 하는 이유로부터 필연적으로 파생하였다는 것이 확인된다. 그러한 한, 예지체는 물자체처럼 우리의 〈관념 밖〉에 그 자체로서 존재하는 대상을 의미한다고 말할 수도 있을 것이다.[10] 칸트는 그러한 예지체를 다음과 같이 정의하고 있다.

> "내가, 순전히 오성의 대상에 불과하지만, 그럼에도 불구하고 감성적이 아닌 (지성적 직관으로서의) 어떤 직관에 주어질 수 있는

10 Vgl. 福谷(2009, 46).

사물들을 상정한다면, 그러한 사물들은 예지체들(예지적인 것들)이 라고 불릴 것이다."(A249)

이 인용에서 알 수 있듯이, 예지체〔물자체〕[11]는 **지성적** 직관을 상정하는 대상인 것이다. 그리고 지성적 직관이란 대상의 존재를 스스로 산출할 수 있는 신이 갖는 직관이다. 따라서 우리로서는 결코 경험할 수 없는 대상인 예지체의 존재는, 그것을 경험할 수 있는 지성적 직관을 가진 신에 의해서만 확인될 수 있는데, 문제는 다음과 같은 것에 있다.

"우리는 그러한 대상들〔예지체(물자체)〕이 주어질 수 있다는 것을, 직관의 감성 방식과는 다른 방식이 가능하다는 것을 전제하지 않고서는 받아들일 수 없는데, **그러나 우리는 그러한 것을 전제할 수 있는 권리를 전혀 갖고 있지 않다.**"(A254=B309)

감성적 직관밖에 갖지 않는 우리 인간으로서는 경험 불가능한 대상 즉 예지체(물자체)의 존재를 인정하기 위해서는, 예지체(물자체)를 경험할 수 있는 지성적 직관을 갖는 신을 전제하지 않으면 안 된다. 그러나 신 그 자체도 우리의 감성적 직관에는 주어지지 않는 경험 불가능한 대상인 한, 우리는 신의 존재를 확정하는 어떠한 근거도 갖지

11 물자체 문제에 지성적 직관을 갖는 신이 관계하는 이유는 다음과 같은 역사적 배경이 있기 때문이다. 칸트에게 물자체는, 감성적 직관을 갖는 우리 인간의 유한성을 나타내는 것인데, 감성적 직관은 전통적으로 신의 무한성을 나타내는 지성적 직관과 대비해서 설명되어 왔다. Cf. Phillips (2008, 585-586).

않는다. 따라서 지성적 직관을 갖는 신의 존재를 전제해야만 하는 예지체(물자체)의 존재도 결코 긍정할 수 없는 것이다.[12]

이상과 같이, 칸트 인식론은 "감성계〔현상의 세계〕"(A256=B312) 외에 그것을 가능하게 하는 "예지계〔물자체의 세계〕"(Ibid.)를 적극적으로 주장하는 이세계론이 아니라, 오히려 물자체를 **사유**하는 것이 가능해야만 한다는 것으로부터, 곧바로 물자체의 **존재**까지도 안이하게 인정해 버리는 사고방식을 거부하는 입장인 것이다. 즉 우리의 〈관념 밖〉에 독립적으로 존재하는 것을 의미하는 물자체는, **그것의 존재가 적극적으로 주장되지 않는 한 결코 현상의 존재 근거가 될 수 없다.** 여기서 유의하지 않으면 안 되는 것은, 물자체의 존재를 인정할 수는 없다고 하지만, 그렇다고 해서 그것의 존재가 바로 부정되는 것도 아니라는 점이다.

> "우리는 역시 다른 종류의 직관〔지성적 직관〕이 가능하다는 것도 증명할 수 없었다. 따라서 우리는 사유가 모든 감성을 도외시할 수 있다고 해도 그때, 사유가 개념의 순전한 형식인가 어떤가, 또한 이 〔감성으로부터의〕 분리에도 불구하고 무릇 **객관이라는 것이 잔존하는가 어떤가라고 하는 문제는 남는다.**"(A252f.)

이리하여 우리는 지성적 직관을 갖는 신에 의해서만 증명될 수 있는 물자체의 존재를 **긍정하는 것도 부정하는 것도 불가능**하며, 물자

12 주지하듯이 칸트는 「변증론」의 제3장 「순수이성의 이상」에서 다각도로 신의 존재를 증명하는 것은 불가능하다는 입장을 견지하고 있다.

체의 존재에 대한 판단을 유보할 수밖에 없다. 따라서 감성 · 오성만을 염두에 두고 고찰한 칸트 인식론은, 감성계를 가능하게 하는 것처럼 보이는 예지계를 적극적으로 주장하는 이세계론은 아니지만, 동시에, 감성계의 피안에는 예지계가 있을지도 모른다고 하는 가능성을 여전히 남기고 있다고 말할 수 있겠다.

5. 초월론적 객관과 세계

이 장의 제3절에서 확인하였듯이 "물자체를 사유하는" 것은 애초에 오성의 능력을 넘어서는 사태를 나타내고 있다. 그렇다면, "최고의 인식 능력"(A299=B355)인 **이성**을 주제화하는 「변증론」에서의 초월론적 객관까지 고려해서, "물자체를 사유한다"고 하는 사태의 내실을 고찰하면서, 「감성론」, 「분석론」에서는 남겨진 채로 있는 예지계의 존재 가능성 문제를 깊이 캐어 들어가도록 하자.

> "이성은 … 범주에서 사유되는 종합적 통일을 단적으로 무조건적인 것에 이를 때까지 높이고자 한다."(A326=B383)

오성은 항상 범주를 감성에 조건 지어져서만 사용해야 하는데, 그에 반해서 이성은 그렇게 조건 지어진 오성의 범주를 **무조건적인 것**에 이를 때까지 적용하고자 한다. 즉, 오성은 감성의 공간 · 시간 형식을 통해서 주어진 "조건적인 것〔현상〕"(A322=B379)만을 사유할 수 있지만, 이성은 감성의 조건에 제한되지 않은 "무조건적인 것"을 추론할 수 있는 능력이다.

칸트는 이성에 의해 추론되는 무조건적인 것으로서 영혼, 세계, 신을 드는데, 이 절에서 문제가 되고 있는 세계는 "모든 현상들의 절대적 전체"(A328=B384)로 정의되어 있다. 감성을 통해서 주어지고 (gegeben) 오성 범주에 의해 규정되는 감성계란 어디까지나 조건적인 상대적 전체이지만, 그에 반해서 감성에 제한되지 않는 이성에 의해 "**부과되는**(aufgegeben)"(A499=B527, 강조는 칸트) 무조건적인 것으로서의 세계는 현상들의 **절대적** 전체를 의미한다(A483=B511, A508=B536, A515f.=B543f.).

바꿔 말하면, 오성에 의해 인식되는 상대적 전체인 '감성계'는, 어디까지나 이성에 의해 부과되어 있는 절대적 전체인 '세계' 내에 있는 한 구획에 불과할 것이다. 이성에 의해 부과되어 있는 세계는 (오성에 의해 인식되는 현상〔감성계〕과는 다르게) 자신이 존재하기 위해 어떠한 조건도 필요 없는 무조건적인 것이기 때문에, 자체적으로 존재하는 물자체(예지체)로 여겨지기 십상이다.[13] 즉 애초에 오성 스스로는 불가능할 수밖에 없었던, "물자체를 사유한다"고 하는 것은, **무조건적인 것을 추구하는 이성의 활동을 전제해서만 가능하다**는 것이 밝혀졌다.[14]

---

13 아메릭스는, 〈현상〉과 〈물자체〉는 각각 〈조건적인 것〉과 〈무조건적인 것〉이라는 특징을 가진다고 해석한다. Ameriks (2007, 290).

14 이처럼 물자체를 사유하는 범주의 초월론적 사용은 이성에 의해 비로소 설명된다. Cf. Grier

하지만 칸트는, 물자체로 여겨진 세계는 단지 "초월론적 가상"(A295=B352)에 불과하다고 말한다. 왜냐하면, 무조건적인 것은 오성과는 다르게 감성의 조건에 제한되지 않는 이성에 의해 추론된 것으로서, "그것〔세계〕에 합치하는 어떠한 대상도 감관에서 주어지지 않기"(A642=B670) 때문이다. 칸트는 「순수이성의 이율배반」(이하 「이율배반」으로 약기)에서, 세계를 물자체로 본 종래 형이상학의 경우에는 이율배반이 생겨 버리는 것을 지적한다. 또한 이율배반의 해결에 의해 세계는, 실은 물자체가 아니라 "이성 자신의 본성에 의해 부과되어 있는"(A327=B384) "이념"(A642=B670)이라는 것이 밝혀진다.

이와 같이, 상대적 전체인 감성계의 피안에 그 자체로서 존재할지도 모른다고 생각된 예지계의 **참모습을, 이념적 존재인 절대적 전체로서의 세계를 단서로 해서 파악할 수 있을 것이다.** 이념으로서 부과되어 있는 것에 불과한 세계는, 물자체처럼 〈관념 밖〉에 자체적으로 존재하는 것도 아니고, 그렇다고 해서 주어지는 현상처럼 〈관념 안〉에 존재하는 것도 아니다. 현상과 물자체의 〈사이〉라는 존재 성격을 갖고 있는 세계는, 현상처럼 자체적인 존재는 아니지만, 감성의 공간 · 시간 형식을 통해서 주어지지 않는 한, 오성 범주에 의해 규정될 수 없고 결코 **경험의 대상이 될 수는 없다**고 하는 점에서 현상과는 다르다.

따라서 세계는, 우리에게 현상처럼 경험 가능한 대상으로서의 '경험적 객관'이 아니라, (그 이유가 물자체, 대상 일반과는 다르다고 해도)

(2007, 110).

경험 불가능한 대상 즉 '초월론적 객관'인 것이다. 초월론적 객관으로서의 세계는 「이율배반」의 제6절 「우주론적 변증론(세계에 관한 이율배반)을 해결하는 열쇠로서의 초월론적 관념론」에서 다음과 같이 말해지고 있다.

> "우리는 현상들 일반의 순전히 예지적인 것을 초월론적 객관이라고 부를 수 있는데, 그것은 단지 우리가 수용성의 감성에 대응하는 어떤 것을 갖기 위해서이다. 이 초월론적 객관에 우리는 우리의 가능한 지각들 전부의 범위와 연관을 귀속시킬 수 있고, 그 초월론적 객관은 모든 경험에 앞서서 그 자체로 주어져 있다고 말할 수 있다."(A494=B522f.)

이 인용에서 초월론적 객관은 감성계의 존재를 보증하는 것으로서, 그 자체로 존재하는 예지계를 지시하고 있는 것처럼 보인다. 그러나, 애초에 자체적으로 존재한다고 여겨진 예지계의 참모습이 이념으로서의 세계라고 하는 것이 밝혀진 한, 이 초월론적 객관을 또다시 물자체로 여길 수는 없을 것이다.[15] 물자체로 오인된 초월론적 객관의 참모습이, 실은 현상들의 절대적 전체로서의 이념적 존재인 세계였다는 것은, 칸트가 위의 초월론적 객관을 "절대적 완벽성에서의 가능적 경험이라고 하는 사상"(A495=B524)으로 표현하고 있는 것으로부터도 이해될 것이다.

---

15 그럼에도 불구하고, 이 절에서의 초월론적 객관을 바로 물자체와 동일시하는 해석이 있다. Vgl. Heimsoeth (1967, 293-294); Smith (1962, 503-504).

이상과 같이, 「변증론」에서 이성과 관계하는 초월론적 객관으로서의 세계 이념까지 시야에 넣음으로써, 칸트의 인식론은, 우리 세계의 유일성이 부정될지도 모르는 가능성을 단지 남겨 두는 것(「감성론」·「분석론」)이 아니라, 그러한 가능성이 애초에 어떻게 해서 생겨나게 되는가까지도 밝히는 것으로 해석될 수 있을 것이다. 즉, 감성계와 예지계는 차안(此岸)과 피안 사이의 구별이 아니라, 어디까지나 **차안 그 자체의, 부분**(감성계)**과 전체**(세계)**의 구별**에 불과한 것이라고 말할 수 있겠다.

참고문헌

Adickes, E. (1924), *Kant und das Ding an sich*, Berlin.

Allison, H. E. (1983), *Kant's transcendental Idealism*, Yale.

Ameriks, K. (2007), "The Critique of Metaphysics – the Structure and Fate of Kant's Dialectic", in: P. Guyer (ed.), *The Cambridge Companion to Kant and modern Philosophy*, Cambridge.

Cassirer, E. (1991), *Das Erkenntnisproblem in der Philosophie und Wissenschaft der neueren Zeit* 2, Hildesheim.

Deleuze, G. (1963), *La Philosophie critique de Kant*, Paris.

Grier, M. (2007), *Kant's Doctrine of transcendental Illusion*, Cambridge.

Heimsoeth, H. (1967), *Transzendentale Dialektik – Ein Kommentar zu Kants Kritik der reinen Vernunft* 2, Berlin.

Paton, H. J. (1965), *Kant's Metaphysics of Experience*, London.

Phillips, J. (2008), "Truth, Knowledge and the Thing in itself", in: V. Rohden, R. R. Terra, G. A. de Almeida (ed.), *Recht und Frieden in der Philosophie Kants* 2, Berlin.

Smith, N. K. (1962), *A Commentary to Kant's 'Critique of Pure Reason'*, London.

Vaihinger, H. (1922), *Kommentar zu Kants Krtik der reinen Vernunft 2*, Stuttgart.

岩隈敏(1980),「"超越論的対象"について―カントの知識論における"内と外"の問題」,『福岡大学人文論叢』第12号.

高坂正顯(1939),『カント解釈の問題』, 弘文堂書房.

福谷茂(2009),『カント哲学試論』, 知泉書館.

6장

『순수이성비판』에서 세계 개념

1. 들어가는 말

세계는 우리와 무관하게 그 자체로 존재하고 있다고, 우리는 보통 세계의 존재에 대하여 소박한 실재론적 태도를 취하기 쉽다. 그러한 태도를 암묵적으로 전제한 후에 생활하고 있는 한, 우리에게 소박한 실재론은 너무나도 뿌리 깊은 것이라고 말할 수 있겠다.

칸트는 세계의 존재에 관해서 어떻게 생각하고 있었을까? 칸트는 『순수이성비판』「변증론」의 제2장 「순수이성의 이율배반」(이하 「이율배반」으로 약기)에서 세계의 시작과 한계에 대한 종래의 형이상학이 이율배반에 빠지고 마는 사태의 고찰을 통해, 세계의 존재에 관한 자신의 입장을 내세우고 있다. 또한 그는 이율배반을 해결함으로써, "현상들의 초월론적 관념성은, 만약 초월론적 감성론에서의 그 직접적 증명에 충분히 만족할 수 없는 사람이 있었다면, 간접적으로 증명된다"(A506=B534)고도 언명하고 있다. 이처럼 세계의 존재 문제는 초월론적 관념론이라는 칸트의 철학 입장 그 자체와 깊이 연관되어 있다고 말할 수 있을 것이다.[16]

따라서 이 장에서는 우선, 우리와는 무관하게 자체적으로 존재한다고 여겨지고 있는 세계가, 칸트에게 어떻게 새로이 보이게 되는가를 확인한다(제2절). 나아가서는, 칸트에 의한 종래 형이상학에의 비

---

16 칸트는 『프로레고메나』 제50절에서는 다음과 같이 말하고 있다. "우주론적 이념은 … 철학을, 독단의 선잠에서 눈뜨게 하고, 이성 그 자신을 비판하는 곤란한 작업으로 움직이게끔 한다."(IV338)

판을 통해서, 왜 세계를 자체적인 존재로 볼 수 없는가를 밝힌다(제3절 · 제4절). 마지막으로, 칸트의 초월론적 관념론의 입장에서 재파악된 세계의 내실에 대한 해석을 시도한다(제5절).

2. 초월론적 가상으로서 세계

세계는 자체적으로 존재한다고 확신하고 있는 일상의 우리와는 다르게, 칸트는 그렇게 이해된 세계를 단지 "초월론적 **가상**"(A293=B349)에 불과하다고 보고 있다. 그렇다면 칸트는 물자체로 여겨진 세계를 어떠한 의미에서 **초월론적** 가상으로 부르고 있는 것일까? 또한 세계가 초월론적 가상으로 여겨지는 이유는 어디에 있는 것일까?

칸트는 초월론적 가상을 '경험적 가상' 및 '논리적 가상'으로부터 구별하면서 다음과 같이 설명하고 있다.

> "경험적 가상은, 예컨대 시각상의 가상[17]처럼, 오성의 '내재적' 원칙을 경험적으로 사용했다고 해도 반드시 생기는 것이나, 그에 반해 초월론적 가상은 이성의 '초월적' 원칙을 순수 오성의 경험의 한계를 비월(飛越)하여 사용한 경우에만 필연적으로 생긴다." (A295ff.=B351ff.)

17 칸트는 반드시 생기고 마는 경험적 가상(시각상의 가상)의 예로, ① 바다의 해안보다 중앙이 높게 보이는 것, ② 하늘의 달보다 떠오르기 시작하는 달이 크게 보인다는 것을 들고 있다(Vgl. A297=B354).

논리적 가상은 논리학의 규칙에 주의하지 않은 경우에만 생기므로, 우리가 논리적 규칙에 따른다면 금방 없어지는 것이다. 그에 반해서 초월론적 가상은 우리가 아무리 주의해도 쉽게 해소할 수 없을 만큼 인간 이성에게 불가피한 것이다. 이처럼 초월론적 가상은, 논리적 가상과는 다르게 "결코 피할 수 없는 **착각**"(A297=B353, 강조는 칸트)이라는 점에서는 경험적 가상과 마찬가지다. 그러나 경험적 가상은 "가능적 경험의 제한 내에 머무르는"(A295=B352) 오성의 내재적 원칙의 경험적 사용에서 생기지만, 초월론적 가상은 "가능적 경험의 한계를 비월하는"(A296=B352) 이성의 초월적 원칙의 사용에 의해 생긴다는 점에서 양자는 다르다.

나아가서는, 칸트는 초월론적 가상을 생겨나게 하는 이성의 "초월적(transzendent)" 원칙을, 오성의 내재적 원칙의 "**초월론적**(transzendental) 사용 혹은 오용"(A296=B352, 강조는 칸트)으로부터도 구별하고 있다. 오성의 초월론적 사용이란 "순수 오성의 활동이 그곳에서만 허락된 지역의 경계에 충분히 주의하지 않을"(Ibid.) 때의 오용이다. 즉 오성의 범주가 감성의 공간 · 시간 형식을 통해서 주어지는 현상에 적용된 경우에는 '경험적' 사용으로서 객관적 타당성을 갖지만, 감성을 도외시하여 현상이 아닌 물자체에 적용된 경우에는 '초월론적' 사용이 된다.

그에 반해서 이성의 '초월론적' 원칙의 사용이란, "모든 경계표를 부수고, 어디에서도 경계 설정을 인정할 수 없는 하나의 완전히 새로운 지역을 구태여 자신의 것으로 하도록 우리에게 요구하는 현실적 원칙"(Ibid.), 즉 "주관적 필연성이, 물자체들 바로 그것을 규정하는 객관적 필연성으로 여겨지는"(A297=B353) 원칙의 사용이다. 이처럼 오성의 '초월론적' 사용은 개연적(이차적 · 파생적)이며 감성의 조건에 주의하면 막을 수 있지만, 이성의 '초월론적' 원칙의 사용은 우리에게 있어서 필연적인 한 그것을 막는 것은 쉽지 않다.[18]

이리하여, 초월론적 가상으로서의 세계(물자체로 여겨진 세계)는 경험적 가상과 논리적 가상과는 다르며, 또한 그러한 초월론적 가상은, 오성의 초월론적 사용과도 다른 이성의 초월론적 원칙의 사용에 기초하고 있다는 것이 밝혀졌다. "최고의 인식 능력"[19](A299=B355)인 이성은 그 본성에서 오성처럼 내재적이 아니라 초월적 측면을 불가피하게 가진다. 그러므로, "범주에서 사고되는 종합적 통일을 단적으로 무조건적인 것에 도달할 때까지 높이려고 하는"(A326=B353) **"이성 통일은, 가능적 경험의 통일이 아니라**, 오성 통일로서의 가능적 경험의 통일과는 본질적으로 구별된다"(A308=B363). 이와 같이 이성이 오성처럼 가능적 경험의 제한에 머무르지 않고, 가능적 경험의 한계를 넘어서도록 우리에게 "명(命)하는"(A296=B353) 한, 물자체로 여겨진 세계는 **"자연스럽고 불가피한 착각"**(A298=B354, 강조는 칸트)인 것이다.

---

18 그리어는, 이성의 초월론적 원칙의 사용과 오성의 초월론적 사용(오용)의 결정적인 차이는, 이성에게 초월론적 원칙의 사용은 본질적이지만, 그에 반해 오성에게 초월론적 사용은 본질적이 아니라는 것에 있다고 해석한다. Grier (2007, 114).

19 칸트의 Vernunft 개념과 Verstand 개념 사이의 서열 관계에 관한 역사적 배경에 대해서는 다음의 문헌을 참조하기를 바란다. 檜垣(2007, 1-31).

지금까지 보아 왔듯이 칸트의 입장에서 보자면, 자체적으로 존재하고 있다고 여겨진 세계란, 가능적 경험의 한계를 넘어서려고 하는 "인간 이성에 떼려야 뗄 수 없이 붙어 있는"(Ibid.) 초월론적 가상인 것이다. 그러나, 위와 같은 것은 어디까지나 칸트 자신의 경험 이론으로부터 본 세계의 존재에 대한 하나의 가능한 관점에 불과하며, 자체적인 존재로서의 세계가 바로 부정되는 것은 아니라고 하는 반론이 제기될 수 있을지도 모르겠다. 따라서 자체적인 존재로 여겨진 세계를 초월론적 가상으로 여기는 칸트의 입장, 바로 그것이 왜 설득력을 갖는가를 더 살펴보지 않으면 안 될 것이다.

3. 매개념 다의의 허위와 이율배반

칸트는, 자체적인 존재로 여겨진 세계는 자연스럽고 불가피하게 생긴 초월론적 가상과 다름없는 이유를, 종래 형이상학에서의 세계에 관한 이율배반과 그것의 해결로부터 밝히려고 한다. 그렇다면 종래의 형이상학이 빠지고 마는 이율배반에 대한 칸트의 논의가, 어떻게 해서 자체적인 존재로 여겨진 세계를 초월론적 가상으로 새로이 보는 논거가 되는지를 보도록 하자.

네 개의 이율배반은 다음과 같은 논점에 관해서 생겨난다. ① 세계의 시간적인 시작과 공간적인 한계(A426f.=B454f.), ② 세계에서 단순한 것의 존재(A434f.=B462f.), ③ 자유의 가능성(A444f.=B472f.), ④ 단적으로 필연적인 존재자의 존재(A452f.=B480f.). 이러한 이율배반 중에 세계를 직접적인 대상으로 하고 있는 제1이율배반은 이하와 같은 것이다.

- 정립: 세계는 시간적으로 시작을 가지며 공간적으로 유한하다.(A426=B454)
- 반정립: 세계는 시간적으로 시작을 갖지 않으며 공간적으로 무한하다.(A427=B455)

칸트는 정립을 **"독단론〔이성론〕"**(A466=B494, 강조는 칸트)의 입장으로 보고, 반정립을 **"경험론"**(Ibid., 강조는 칸트)의 입장으로 보고 있다.[20] 칸트에 의하면, 독단론과 경험론은 모두 상대 입장의 거짓을 증명함으로써 자신의 입장의 참을 증명하는 귀류법(간접적 환원법, 배리법)을 사용하면서, 양자 모두 동등한 권리를 가지고 자신의 참을 간접적으로 증명하고 있다(Vgl. A426-430=B455-459). 그렇다면 이러한 이율배반을 칸트는 어떻게 해결하는 것일까?

이율배반의 문제를 해결하기 위하여 칸트는 다음과 같은 **"회의적 방법"**[21](A423=B451, 강조는 칸트)을 사용한다.

---

20 알아즘은 칸트와는 정반대로, 정립을 클라크와 뉴턴으로 대표되는 경험론의 입장으로 보고, 반정립을 라이프니츠와 볼프로 대표되는 독단론의 입장으로 보지만(Al-Azm (1972, 3-7)), 이 장에서는 칸트에 따라서 논의를 진행하도록 한다.

21 칸트는 회의적 방법을 회의론으로부터 다음과 같이 구별하고 있다. 회의적 방법은, "인식의 신뢰성과 안전성을 가능하다면 어디에도 남기지 않도록 하기 위해서 모든 인식의 기초를 무너뜨리는 … 회의론과는 전면적으로 다르다"(A424=B451, 강조는 칸트).

"어느 한쪽의 이익을 위해서 결정을 내리기 위한 것이 아니라, 이 논쟁의 대상〔세계〕은 아마도 단지 하나의 **환영**이며 … 어느 쪽도 … 그곳에서는 아무것도 얻을 수 없는 것이 아닐까 하는 것을 연구한다."(A423f.=B451)

위와 같은 회의적 방법을 칸트는 "이 분야〔이율배반〕에서만큼은 **불가결하다**"(A424=B452)고도 말하고 있다. 즉 이율배반을 해결하기 위한 유일한 방법이란, 논쟁의 대상인 세계 바로 그것이 환영(초월론적 가상)에 불과함을 제시하는 것이다.

그렇다면 「이율배반」의 제7절 「이성의 우주론적 자기모순의 비판적 해결」의 논의를 따라가면서, 회의적 방법이 구체적으로 어떻게 이율배반의 문제에 적용되며, 또한 그것에 의해 과연 이율배반이 해결되는가를 보도록 하자. 칸트에 의하면, 독단론과 경험론은 다음과 같은 "**가언적 이성 추론**"(A304=B361, 강조는 칸트)을 공통의 전제로 하고 있다.

"〔대전제〕 조건적인 것이 주어져 있다면, 그것의 모든 조건의 전(全) 계열도 또한 주어져 있다. 〔소전제〕 그런데 감관의 대상들은 우리에게 조건적인 것으로서 주어져 있다. 〔결론〕 따라서 운운〔감관의 대상들의 전계열인 세계도 또한 주어져 있다〕."(A497=B525)

얼핏 보기에 타당한 것처럼 보이는 이 추론의 오류를 칸트는 다음과 같이 밝히고 있다(A498f.=B526f.). 우선 대전제에 관해서 말하면,

'조건적인 것'이 '물자체'인 경우에는, 〔전건(前件)〕 조건적인 것이 주어져 있다면, 〔후건(後件)〕 그것의 모든 조건의 전 계열도 주어져 있다고 하는 가언명제는 타당하다. 하지만 소전제에서는, '조건적인 것'은 '감관의 대상'과 동일시되고 있다. 「감성론」에서의 증명으로부터 밝혀졌듯이, '감관의 대상'은 물자체가 아니라 **현상**이다. 마지막으로 결론에 대해서 말하면, 소전제에서의 '감관의 대상'이 '조건적인 것'으로서 주어져 있다는 점에서는 대전제의 전건과 마찬가지이나, 소전제에서의 '감관의 대상'은 물자체가 아니라 어디까지나 **현상으로서 주어져 있는** 한, 대전제에서처럼 '조건적인 것'(물자체)의 모든 조건의 전계열인 세계도 물자체로서 주어져 있다고 하는 결론을 도출하는 것은 불가능하다.

이상과 같이, 이율배반에 빠지고 마는 독단론과 경험론 둘 다 기초하고 있는 가언적 추론에는, '조건적인 것'(대전제: 물자체, 소전제: 현상)에 관한 "매개념 다의의 허위"(A499=B528)가 숨겨져 있었던 것이다. 따라서 세계는 대전제에서처럼 감성을 도외시한 "단지 오성의 종합"(A498=B526)에서 "이미 **주어져 있는**(gegeben)"(Ibid., 강조는 칸트) 것이 아니다. 그렇지 않고 세계는 어디까지나 "배진(背進)에서 처음 생기는"(A499=B527) "(공간과 시간에서의) 경험적 종합"(Ibid.)에서 문제로 "**부과되어 있는**(aufgegeben)"(Ibid., 강조는 칸트) 것이다. 이리하여, 감관의 대상을 현상이 아닌 물자체로 보고, 게다가 공간 · 시간을 감성의 형식이 아니라 "물자체 바로 그것의 가능성의 조건들"(A46=B64), "물자체들의 형식"(B71)으로 봄으로써, 세계를 대상으로

하는 이율배반이 생긴다는 것이 밝혀졌다.[22]

이처럼 얼핏 보면 세계를 공간 · 시간적으로 볼 때 유한 혹은 무한하다고 규정하는 이율배반의 문제가 해결된 것처럼도 보인다. 그러나 매개념 다의의 허위를 논거로 해서, 독단론과 경험론이 이율배반에 빠지고 마는 이유를 설명하고, 물자체로서 주어져 있다고 여겨진 세계는, 실은 현상들의 경험적 배진에서는 결코 도달할 수 없는 "절대적 전체"[23](A326=B382)로 부과되어 있는 것에 불과하다고 하는 칸트의 논증에는 어떤 문제점이 잠재하고 있다.

왜냐하면 소전제에서 감관의 대상을 물자체가 아니라 현상으로 보는 것은, 다름 아닌 칸트 자신의 철학적 입장이기 때문이다. 만약 「감성론」에서 증명된 초월론적 관념론을 받아들일 수 없는 입장에서 본다면, 매개념 다의의 허위에 의한 이율배반의 해결도 성립하지 않게 된다. 따라서 세계는 결코 물자체로서 주어져 있는 대상이 아니라고 하는 칸트의 입장도 설득력을 갖지 않게 될 것이다.[24]

그러나, 칸트 자신도 매개념 다의의 허위로부터는 "양자〔독단론과

---

22 종래 형이상학의 잘못은 세계를 물자체로 여기는 것보다 오히려 공간 · 시간도 물자체로 단정하는 것에 있다고 말할 수도 있겠다. Cf. Ameriks (2007, 289).

23 「변증론」에서의 '절대적' 전체인 세계(Welt)는 「분석론」에서의 '상대적' 전체인 (범주에 따르지 않으면 안 되는) 감성계(Sinnenwelt)로부터 구별되고 있다는 것을 주의하지 않으면 안 된다. Vgl. A483=B511, A508=B536, A515f.=B543f., A520=B548.

24 이 장의 「들어가는 말」에서 인용하였듯이 칸트는 이율배반의 해결을 통해서 자신의 초월론적 관념론을 간접적으로 증명하는 것이 가능하다고 말하고 있다. 그럼에도 불구하고, 칸트는 이율배반을 해결하기 위해서, '감관의 대상'을 물자체가 아니라 현상으로 여기는 초월론적 관념론을 전제해 버리고 있으며, 따라서 그는 순환논증에 빠져 있다고 하는 비판이 있다. Cf. Gram (1969, 218-219); Strawson (1976, 175); Weldon (1958, 207).

경험론)의 싸움은 아직 그러한 한 끝나지 않았다"(A501=B529)고 말하면서, "근본적으로 양자가 만족하도록 끝내는 수단"(Ibid.)을 내세우려 한다. 그렇다면 이율배반을 근본적으로 해결하는 수단이란 어떠한 것이며, 또 그러한 수단에 의해 이율배반은 어떻게 해결되어 가는지를 밝히도록 하자.

4. 변증적 대당에 의한 이율배반의 해결

칸트는 세계를 대상으로 하는 이율배반을 근본적으로 해결하기 위하여, 매개념 다의의 허위의 경우처럼 현상 개념에 기초해서 가언적 추론의 결론을 부정함과 동시에, 세계는 물자체로서 주어져 있다고 하는 결론 그 자체에 착안한다. 앞 절에서 보았듯이 제1이율배반에서의 정립과 반정립은 다음과 같은 것이었다.

- 정립: 세계는 시간적으로 시작을 가지며 공간적으로 유한하다.
- 반정립: 세계는 시간적으로 시작을 갖지 않으며 공간적으로 무한하다.

정립과 반정립이 이율배반에 빠질 때, 양자가 사용한 증명 방법이 귀류법인 것은 이미 확인되었지만, 귀류적 증명은 어떤 두 개의 명제가 모순대당인 경우에만 성립하는 증명법이다. 즉 정립과 반정립은 둘 다 상대를 자신과는 모순된다고 보았기 때문에, 양자는 자신의 입장을 주장하기 위하여 귀류법을 사용했던 것이다.

그런데 정립과 반정립은 과연 "모순대당"(A503=B531) 혹은 "**분석적 대당**"(A504=B532, 강조는 칸트)의 관계에 있는 것일까? 칸트는 정립과 반정립의 관계를 밝히기 위하여 다음과 같은 두 개의 명제를 비교한다.

> ① "세계는 공간에서 볼 때 무한하거나, 무한하지 않거나(non est infinnitus)의 어느 한쪽이다."(A503=B531)
>
> ② "세계는 〔반정립〕 무한하거나, 〔정립〕 유한(비(非)무한)하거나의 어느 한쪽이다."(A504=B532)

얼핏 보기에 동일하게 보이는 두 개의 선언(選言)명제를 칸트는 다음과 같이 구별하고 있다. ①의 경우에는, 전자가 거짓이라면 후자는 반드시 참이지 않으면 안 되므로 전자와 후자는 모순대당의 관계에 있다. 그에 반해서 ②의 경우에는, 전자(반정립)가 거짓이라고 해도 후자(정립)는 참이 아니라 거짓일 수 있는 "**변증적 대당**"(Ibid., 강조는 칸트)의 관계에 있다.[25] 그렇다면 ②의 정립 · 반정립은 왜 모순대당이 아니라 변증적 대당의 관계에 있는 것일까?

---

25 칸트는 변증적 대당의 예로 다음의 명제를 들고 있다. "모든 물체는 좋은 냄새가 나거나, 좋지 않은 냄새가 나거나의 어느 한쪽이다."(A503=B531) 이 명제의 경우에 전자도 후자도 물체는 향기가 난다는 것을 전제하고 있지만, 전혀 냄새가 안 나는 물체에 의해서 양자는 모두 거짓이 된다.

모순대당의 관계에 있는 ①의 후자는 단지 "~**가 아니다**"라는 형식(부정판단)으로, 전자의 "세계는 무한하다"고 하는 판단(긍정판단)을 소극적으로 부정할 뿐이며, 세계(주어)에 그 이상의 술어를 부가하고 있지 않다. 그에 반해서, 변증적 대당의 관계에 있는 ②의 후자(정립)는 단지 전자(반정립)를 부정할 뿐만 아니라, "세계는 유한**하다**"고 적극적으로 주장하며, 세계(주어)에 "유한하다"는 술어를 부가하고 있다. 즉 ②의 경우처럼, 세계(주어)에 "무한하다"(반정립) 혹은 "유한하다"(정립)는 술어를 부가하는 것은 "세계를 그 자체로서, 또한 양에서 볼 때 규정되어 있다고 여기는"(Ibid.) 것과 다름없다.[26] 따라서, 세계를 양적으로 규정된 물자체로 보지 않는다면 정립과 반정립은 모순대당이 아니라 변증적 대당의 관계에 있으므로, 귀류법도 성립하지 않고 양자는 동시에 거짓이 될 수 있는 것이다.

이상과 같이, 이율배반이 생기는 과정을 거슬러 올라가면 다음과 같이 된다. 〔①〕 이율배반은 정립과 반정립 사이에 귀류법을 사용할 수 있을 경우에만 생긴다. 〔②〕 귀류법은 정립과 반정립이 모순대당의 관계에 있을 경우에만 타당하다. 〔③〕 모순대당의 관계는 세계를 물자체로 봄으로써만 성립한다.

이리하여 칸트는, 정립과 반정립에 의해 이율배반이 생겨난 이유는, 세계를 물자체로 보는 소박한 실재론에 있음을 밝힌 것이다.[27] 그

26 이처럼 세계를 무한한 것으로 규정하는 경험론(반정립)도 독단론(정립)처럼, 세계를 물자체로 전제하고 있다는 점에서는 또 다른 독단주의라고 말할 수 있겠다. Cf. Weldon (1958, 205).

27 카시러는, 세계에 관한 이율배반의 문제는 종래의 형이상학뿐만 아니라 소박한 실재론까지

리고 이율배반을 생기게 하는 이유가 세계를 물자체로 보는 것에 있는 한, 이율배반의 해결은 세계를 물자체로 보지 않는 것에 의해서만 가능하다는 것도 밝혀졌다.[28]

그런데 매개념 다의의 허위에 의해서 이율배반을 해결하는 논의에서 확인하였듯이, 〔결론〕 세계를 물자체로서 주어져 있다고 보는 것은, 〔소전제〕 감관의 대상을 현상이 아니라 물자체로 본 경우의 가언적 추론에 기초하고 있는 것이었다. 그러나 변증적 대당을 통한 이율배반의 해결에 의해 〔결론〕 세계를 물자체로 볼 수 없다는 것이 밝혀졌다. 따라서 세계를 물자체로 본다는 결론을 도출하는 가언적 추론 바로 그것을 성립시킨 소전제(감관의 대상을 물자체로 본다)도 부정되어, 감관의 대상은 물자체가 아니라 현상이라고 하는 것도 밝혀졌다.[29]

이처럼, 매개념 다의의 허위에 의해 이율배반을 해결하는 핵심은 감관의 대상을 물자체가 아니라 현상으로 여기는 것이었는데, 감관의 대상을 물자체가 아니라 현상으로 여기지 않을 수 없는 근거가 변증적 대당에 의한 이율배반의 해결로부터 제시된 것이다. 그렇기 때문

도 관련된다고 해석한다. Cassirer (1921, 216).

28 윌커슨은 이 사태를 "((p→q)&~q)→~p"로 정식화하고 있다. 즉, p: 세계는 물자체다. q: 유한하며 또한 무한하다. 그러나 q는 자기모순이므로 거짓이다. 따라서 p도 거짓이다. Wilkerson (1976, 122).

29 〔독단론(정립) · 경험론(반정립)〕 감관의 대상을 물자체로 볼 것이냐, 그렇지 않으면 〔칸트〕 현상으로 볼 것이냐는 양자택일의 관계에 있으므로, 전자의 초월론적 실재론과 정말로 모순대당의 관계에 있는 초월론적 관념론이 간접적으로 증명된다고 말할 수 있겠다. Cf. Allison (1983, 35); Kalin (1978, 161).

에 칸트는, 변증적 대당은 이율배반을 해결할 수 있는 유일한 수단이라고 말했던 것이다. 이상에 입각하면, 세계를 대상으로 하는 이율배반의 해결에 의해 "현상들의 초월론적 관념성이, 만약 초월론적 감성론에서의 그 직접적 증명에 충분히 만족할 수 없는 사람이 있었다면, 간접적으로 증명된다"(A506=B534)고 하는 칸트의 언명도 이해할 수 있겠다.

지금까지의 논의를 통해서, 감관의 대상 물자체가 아니라 현상인 한, 세계는, 결코 물자체로서 주어져 있는 것이 아니라, **감성의 공간 · 시간 형식을 통해서 주어지는** 현상들의 경험적 배진에서 **부과되어 있는** "이념"(A327=B383)이라는 것이 밝혀졌다. 즉 세계는 "그것에 합치하는 어떠한 대상도 감관에는 주어질 수 없는 필연적 이성 개념"(Ibid.)인 것이다. 따라서 물자체로 여겨진 세계는 초월론적 가상에 불과하다고 비판하는 칸트의 입장도 충분한 설득력을 갖게 되는 것이다.

5. 이념으로서 세계

앞 절까지의 논의에 의해 물자체로 여겨진 세계는 단지 초월론적 가상에 불과하고, 세계는 자체적인 존재가 아니라 어디까지나 이념적인 존재라고 하는 것이 밝혀졌다. 그런데 여기서 다음의 것을 유의하지 않으면 안 된다. 즉, 칸트는 이념으로서의 세계 그 자체를 초월론적 가상이라고 부르고 있는 것이 아니라, 어디까지나 종래의 형이상학 및 소박한 실재론에서 물자체로 이해된 한에서의 세계를 초월론적 가상으로 보고 있다는 것이다.

그렇다면 위의 것을 염두에 두면서, 「이율배반」 제8절 「우주론적 이념에 관한 순수 이성의 통제적 원리」 및 「초월론적 변증론에의 부록」을 살펴봄으로써, 물자체가 아니라 이념으로서 새로이 파악된 칸트의 세계 개념의 내실을 밝히도록 하자.[30] 칸트가 말하기를, "순수 이성의 이념들은 결코 그 자신으로서는 변증적일 수 없고, 단지 이념들의 오용만이 이념들로부터 기만적인 가상이 우리에게 생겨나지 않을 수 없게 하는 것에 불과하다"(A669=B697). 그리고 "전체적인 가능적 경험에 관한"(A643=B671) 이념으로서의 세계의 올바른 사용과 잘못된 사용을 다음과 같이 구별하고 있다.

- 구성적 원리로서의 잘못된 사용: 모든 가능적 경험을 넘어서 감성계를 확장한다.
- 통제적 원리로서의 올바른 사용: 경험을 가능한 한 계속해서 확장한다.(A509=B537)

이처럼 세계 이념을 구성적으로 잘못 사용한 경우에는, 이념으로서의 세계에 대응하는 대상(초월론적 가상)이 감성의 조건을 도외시

---

30 스미스는 위와 같은 점을 고려하지 않고 이념으로서의 세계 그 자체를 초월론적 가상과 동일시함으로써, 「초월론적 관념론에의 부록」에서 논하고 있는 세계에 대한 칸트의 입장은 그 이전의 곳들과 모순된다고 주장한다. Smith (1962, 547-550).

한 물자체로서 주어져 있다고 여기게 된다. 그에 반해서 세계 이념을 통제적으로 사용한 경우에는, 이념으로서의 세계에 대응하는 어떠한 대상도 상정하지 않고 세계는 어디까지나 경험적 배진에서 부과되어 있다고 여겨진다.

이 장의 제2절에서 보았듯이 초월론적 가상이 생기는 것은 "그 자신이 주관적인 원칙들〔통제적 원리〕에 기초하면서, 그것들을 객관적인 원칙들〔구성적 원리〕로 바꿔치기하기(unterschieben)"(A298=B354) 때문이었다.[31] 즉 세계를 물자체로 봄으로써 이율배반에 빠지는 종래 형이상학은, 통제적 원리로서만 사용해야 하는 세계 이념을 구성적 원리로 사용해 버렸던 것이다. 따라서 칸트는 구성적으로 사용된 세계 이념만이 초월론적 가상에 빠지며, 그에 반해서 통제적으로 사용된 한에서의 세계 이념은 "훌륭한 타당성"(A508=B536)을 가진다고 말한다.[32] 그렇다면 통제적으로 사용된 세계 이념은 어떠한 의미에서 타당성을 갖는 것일까?

칸트는 통제적 이념으로서의 세계가 갖는 타당성의 의미를 구성적으로 사용된 세계와 비교함으로써 다음과 같이 부각시키고 있다.

• 비월적(초월적) 사용: 이념으로서의 세계에 대응한다고 잘못

31 하임죄트는 이러한 '바꿔치기'야말로 초월론적 가상과 다름없다고 해석한다. Heimsoeth (1967, 314).

32 그리어에 의하면, 이념의 통제적 사용과 구성적 사용의 구별에 의해서, 이념으로서의 세계가 어떻게 해서 초월론적 가상(물자체로 여겨진 세계)으로 변해 가는지가 설명된다. 또한 바르텐베르크도 종래 형이상학에서 구성적으로 사용된 세계(초월론적 가상)와 칸트의 통제적 원리로서의 세계는 완전히 다르다고 지적한다. Grier (2007, 276); Wartenberg (1992, 246).

생각된 대상으로 향한다.

- 토착적(내재적) 사용: 이념으로서의 세계가 오성과 관련하는 대상들로 향한다.(A643=B671)

전자는 물자체로서의 세계를 목표로 해서 가능적 경험을 떠나 비월하고 마는 초월이지만, 그에 반해서 후자는, 어디까지나 **가능적 경험에 뿌리박은 채로 현상과 결부되어 있는** 내재적 초월이므로 가능적 경험에 토착적이다. 통제적 이념으로서의 세계는 가능적 경험의 전체성과 관련하는 한, 현상처럼 가능적 경험의 대상이 아니라 "우리의 이념 밖에서는 어디에서도 찾아질 수 없는"(A482=B510) "허초점"(A644=B672)이면서도, 어디까지나 **현상을 직접적인 대상으로 하는** "오성 개념에게 최대의 통일 및 최대의 확장을 부여하는 데 도움이 된다"(A645=B673).

따라서 통제적 이념으로서의 세계는 "간접적이라고 해도, 경험의 대상(현상)에도 타당하기 때문에, 순수 이성의 원칙들도 이 대상(현상)에 대해서 객관적 실재성을 갖는"(A665=B694) 것이다. 이리하여 통제적 이념으로서의 세계가 갖는 훌륭한 타당성이란, 물자체로서의 세계가 아니라 어디까지나 현상을 대상으로 하며, 또한 오성을 매개로 해서 간접적으로만 타당한 객관적 실재성을 뜻한다.[33]

나아가서는, 세계와 현상 사이의 그러한 간접적인 관계에 대하여

33 왈슈는 통제적 이념으로서의 세계에 객관적 실재성을 인정하면 범주와의 차이가 없어지고 만다고 비판하지만, 전자는 후자처럼 직접적이 아니라 후자를 매개로 해서 어디까지나 간접적으로만 현상에 타당하다는 의미에서 구별되고 있다. Walsh (1975, 245).

칸트는 다음과 같이 말하고 있다.

> "이성 통일은 언제나 하나의 이념을, 즉 인식의 전체 형식에 대한 이념을 전제하고, **그 인식의 전체는 부분들의 일정한 인식에 선행하며**, 그리고 모든 부분들에게 그것들의 위치와 관계를 선험적으로 규정하는 조건을 포함하고 있다."(A645=B673)

즉 세계는 현상의 경험적 배진이 행해짐으로써 비로소 부과되는 것이 아니라, 어떠한 현상이든, 그것이 감성의 공간 · 시간 형식을 통해서 주어지고 그때마다 오성의 범주에 의해 규정될 때에는, 세계는 통제적 이념으로서 이미 부과되어 항상 배경을 이루고 있다. 그러한 한 세계는 현상과 떼려야 뗄 수 없이 결부되어 있는 것이다.

이상과 같이 통제적 이념으로서의 세계가 칸트의 경험 이론에서 갖는 중요한 위상을 살펴봄으로써, 물자체가 아니라 이념으로 새롭게 파악된 칸트의 세계 개념의 내실이 보이게 되지 않았는가. 종래의 형이상학에서는, 경험의 대상인 현상과 "모든 현상의 총괄"(A334=B391)인 세계가 똑같이 물자체로 여겨졌다. 그러한 경우에는 현상과 세계가 갖는 존재 성격의 차이가 사라지게 됨으로써, "그 자체로서는 **미규정적**이며"(A665=B693, 강조는 칸트) 통제적 이념으로서 부과되어 있는 것에 불과한 세계도, 주어져 있는 현상과 똑같이 **규정적**인 경험의 대상으로 여겨지고 만다.[34] 그러나 초월론적 관념론에서

34 존재자의 총체성인 세계를 개별적인 존재자처럼 규정 가능한 경험의 대상으로 봄으로써 이

는 현상도 세계도 "주어진 경험"(A645=B673)(가능적 경험)의 영야(領野)에 있지만, 양자는 존재 성격을 달리하고 있다. 즉 종래 형이상학이 현상처럼 규정 가능한 경험의 대상으로 보았던 세계는, 실은 오성의 경험적 배진을 통제하는 이념으로서의 세계인 것이다.

그러나 바로 그 세계는 "감성계에는 **주어지지 않고**, 단지 그 계열의 배진에서 **부과될** 수 있는 것에 불과하다"(A508=B536, 강조는 칸트). 따라서 세계는, 규정 가능한 대상인 현상의 단순한 집합 같은 것이 아니라, 현상과는 〈질적으로〉 다른 존재 성격을 가진다고 말할 수 있겠다. 즉 "**한계 짓는** 것〔세계〕은 그것에 의해 **한계 지어지는** 것〔현상〕으로부터 구별되지 않으면 안 되는"(A515=B543, 강조는 칸트) 것이다.

이리하여 통제적 이념으로서의 세계는 현상처럼 관념성을 가지면서도, 결코 현상처럼 감성의 공간 · 시간 형식을 통해 주어져 오성의 범주에 의해 규정되는 가능적 경험의 "대상"**이 아니라**, 어디까지나 가능적 경험의 대상인 현상의 계열의 배진이 행해질 수 있도록 열려 있는 "지평(Horizont)"(A759=B787)을 의미한다고 해석할 수 있지 않겠는가. 나아가서는, 세계는 현상처럼 규정 가능한 것이 아니라 원리상 미규정적인 것에 머무르는 한, 세계 그 자신은 어디까지나 가능적 경험의 직접적인 대상인 **현상에 동반되어 간접적으로만 우리에게 열려 오는** 지평이며, 그렇기 때문에, 가능적 경험의 한계 그 자체를 나타내게 된다고 말할 수 있겠다.

율배반이 생기기 때문에, 세계와 세계 내(內) 존재자는 존재 성격에서 구별되지 않으면 안 된다. Vgl. Martin (1969, 67).

이와 같이 세계가 물자체가 아니라 통제적 이념으로 새롭게 파악됨으로써, 현상의 "**전체**"(A322=B379, 강조는 칸트)인 세계가 세계의 부분인 현상으로부터 구별되어, "**전체성**"(Ibid., 강조는 칸트)이라는 세계 고유의 존재 성격이 비로소 드러나게 된다.

그러나 칸트가 말하고 있듯이, "가상의 진짜 원인의 배후"(A703=B731) 즉 이념적인 존재를 자체적인 존재로 바꿔치기하는 것이 왜 "자연스럽고 불가피적"인지가 해명되지 않는 한, 떼려야 뗄 수 없이 결부되어 있는 이념적인 존재로서의 세계와 그것의 자체적인 측면은 아마도, 우리 인간에게 있어서 이후에도 "문제"(A647=B675)로서 계속 남겨질 것이다.

참고문헌

Allison, H. E. (1983), *Kant's transcendental Idealism*, Yale.

Ameriks, K. (2007), The Critique of Metaphysics – the Structure and Fate of Kant's Dialectic, in: P. Guyer (ed.), *The Cambridge Companion to Kant and modern Philosophy*, Cambridge.

Cassirer, E. (1921), *Kants Leben und Lehre*, Berlin.

Gram, M. S. (1969), Kant's first Antinomy, in: L. W. Beck (ed.), *Kant Studies Today*, LaSalle.

Grier, M. (2007), Kant's Doctrine of transcendental Illusion, Cambridge.

Heimsoeth, H. (1967), *Transzendentale Dialektik – Ein Kommentar zu Kants Kritik der reinen Vernunft* 2, Berlin.

Kalin, M. G. (1978), Idealism against Realism in Kant's third Antinomy, in: *Kant-Studien* 69.

Martin, G. (1969), *Immanuel kant – Ontologie und Wissenschaftstheorie*, Berlin.

Smith, N. K. (1962), *A Commentary to Kant's 'Critique of Pure Reason'*, London.

Strawson, P. F. (1976), *The Bounds of Sense*, London.

Walsh, W. H. (1975), *Kant's Critique of Metaphysics*, Edinburgh.

Wartenberg, T. E. (1992), Reason and Practice of Science, in: P. Guyer (ed.), *The Cambridge Companion to Kant*, Cambridge.

Weldon, T. D. (1958), *Kant's Critique of Pure Reason*, Oxford.

Wilkerson, T. E. (1976), *Kant's Critique of Pure Reason*, Oxford.

檜垣良成(2007),「カントの理性概念」,『現代カント研究10』, カント研究会編, 晃洋書房.

7장

초월론적 관념론과 세계

1. 들어가는 말

칸트는 『프로레고메나』 제50절에서 다음과 같이 말하고 있다.

> "우주론적 이념〔세계〕은 … 철학을, 독단의 선잠에서 눈뜨게 하고, 이성 그 자신을 비판하는 곤란한 작업으로 움직이게끔 한다." (Ⅵ338)

다시 말하면, "대상들 일반에 관계하는 모든 개념들과 원칙들의 체계에서 **오성** 및 이성 그 자신만을 고찰"(A845=B873, 강조는 칸트)하고자 하는 『순수이성비판』의 동기는 "우주론적 이념(세계)"을 둘러싼 문제에 있다고 말할 수 있겠다. 그러한 한 『순수이성비판』에는 "철학을 그 독단의 선잠에서 눈뜨게 할" 만큼 중요한, 세계에 대한 칸트 자신의 어떤 통찰이 잠재하고 있다고 할 수 있겠다.

따라서 이 장에서는, 칸트가 우주론적 이념인 세계를 어떻게 이해하고 있으며, 또한 그러한 세계가 칸트 인식론 그 자체에 어떻게 관련하게 되는가라는 문제에 대하여, 다음과 같은 방법을 통해서 접근하고자 한다. 먼저 칸트의 초월론적 관념론이라는 입장으로부터 세계 이념을 고찰한다. 그다음에서는 초월론적 관념론의 내부에서 세계 이념이 현상의 인식 문제 및 존재 문제와 어떻게 얽혀 있는지를 밝힌다. 마지막으로 칸트의 인식론 그 자체와 세계 이념이 어떠한 관계에 있는가를 음미하도록 하자.

2. 세계의 인식과 존재(종래 형이상학과 초월론적 관념론)

"모든 현상들의 총괄(Inbegriff)"(A419=B447) 혹은 "현존하는 사물들의 총괄의 절대적 총체성(die absolute Totalität)"(Ibid.)으로 정의되는 세계는, 「변증론」의 제2장 「순수이성의 이율배반」(이하 「이율배반」으로 약기)에서 주제화되고 있다. 그곳에서는, 세계에 대하여 모순된다고 여겨지는 두 개의 명제가 동시에 참일 수 있는 사태(이율배반)가 생기고 마는 것을 문제시하면서, 종래 형이상학에 의한 세계의 파악방식 그 자체를 비판하고 있다. 따라서 우선 이 절에서는 이율배반의 예를 통해서, 세계에 대한 종래 형이상학의 입장과 초월론적 관념론이라는 칸트의 입장의 근본적인 차이가 어디에 있는지를 확인해 두도록 하자.[35]

예컨대 세계에 관한 이율배반은 다음과 같은 것이다.

- 정립: 세계는 공간 · 시간적으로 무한하다.
- 반정립: 세계는 공간 · 시간적으로 유한하다.(A426f.=B454f.)

이처럼, 정립과 반정립은 세계에 대한 주장의 **내용**에서는 서로 대립하지만, 그럼에도 불구하고 종래 형이상학의 입장에 서 있는 정립과 반정립은 둘 다, '세계'를 주어로 하여 '무한**하다**' 혹은 '유한**하다**'는 술어를 부가함으로써, 세계에 대하여 "**판단**하고, **주장**하고, **결정**하

35 이율배반을 둘러싼 상세한 논의에 관해서는 본서 제6장의 제3절과 제4절을 참조하길 바란다.

려고 한다"(A63=B88)는 점에서는 같다. 따라서 세계의 〈인식〉 가능성이라는 관점에서 보자면, 종래 형이상학 일반은 세계를, 우리 인간이 규정하고 인식할 수 있는 인식의 대상으로 여기고 있는 것이다.

나아가서 종래의 형이상학은 "그때, 세계를 그 자체로서 양적으로 규정되어 있다고 본다"(A504=B532). 왜냐하면 만약 세계가, 우리와는 무관하게 그 자체로 무한 혹은 유한한 것으로서 이미 존재하고 있다면, 그에 따라서 세계의 인식도 종래 형이상학처럼 정립(무한) · 반정립(유한)이라는 양자택일의 문제가 될 수밖에 없기 때문이다. 이리하여 세계의 〈존재〉라는 관점에서 보자면, 종래의 형이상학은 어느 쪽도 세계를 물자체로 파악하고 있는 것이 된다.

그러나, 세계는 물자체라고 독단적으로 전제하고, 세계에 대하여 규정하려고 하면 이율배반에 빠지고 만다. 따라서 칸트는, 세계는 "**물자체로서**"(Ibid., 강조는 칸트) "자체적으로 현존하는 전체"(A506=B535)라고 하는 종래 형이상학의 전제 바로 그것을 부정한다. 그리한 뒤 칸트는 세계를, "범주에서 사고되는 종합적 통일을 단적으로 **무조건적인 것**(Unbedingt)에 도달할 때까지 높이고자 하는"(A326=B383) "이성 그 자신의 본성에 의해 부과된(aufgegeben)"(A327=B384) "이념(Idee)"(A327=B383)으로 새롭게 파악한다.

이 절의 모두에서 인용하였듯이, 세계는 "현존하는 사물들의 총괄의 절대적 총체성"으로 정의되는 개념인데, 그 정의에서 '절대적 총체성'이 갖는 의미를 보다 상세하게 보도록 하자.

"초월론적 이성 개념〔세계〕은 항상 조건들의 총합에서의 절대적 총체성으로만 나아가며, 따라서 단적으로 무조건적인 것에서만 끝난다."(Ibid.)

이처럼 '절대적 총체성'인 세계는 그 자신이 '무조건적인 것'이다. 왜냐하면 만약 세계가 무조건적인 것이 아니라 조건적인 것이라고 한다면, 그것은 어디까지나 어떤 조건 아래에서만 현존할 수 있다는 것을 의미하고, 그러한 한 세계는 절대적 총체성이 아니라 어디까지나 상대적 총체성에 머물고 말기 때문이다.

오성개념=범주는 어디까지나 "모든 현상들의 선험적 조건"(A34=B50)인 감성의 공간 · 시간 형식에 조건 지어진 "감성계(Sinnen welt)"(A483=B511)에 제한되지 않으면 안 되지만, 그에 반해 무조건적인 것으로서의 이성개념=세계(Welt)는 감성의 공간 · 시간 형식에 조건 지어져 있지 않다.[36] 따라서 「감성론」과 「분석론」뿐만 아니라 「변증론」도 시야에 넣은 초월론적 관념론에서 보자면, 세계를 공간 · 시간적인 양으로 규정하려고 하는 것은 애초에 원리적으로 불가능한 것이다.[37] 세계는 그 정의상 인식의 조건인 감성의 공간 · 시간 형식에 제한되지 않기 때문에, 본질적으로 "우리에게 주어져 있지 않고, 아마도 어떠한 방식으로도 결코 주어질 수 없는 대상"(A63=B88)인 것이다.

---

36 그럼에도 불구하고, 무조건적인 것인 '세계'를 공간 · 시간에 조건 지어진 '감성계'와 동일시하는 해석이 있다. Vgl. Barker (1969, 287-289); Moore (1953, 170-172).

37 쾨르너에 의하면, "세계는 공간 · 시간적으로 무한/유한하다"고 하는 명제는 예컨대 "사각의 원은 둥글다/둥글지 않다"고 하는 명제처럼 완전히 무의미하다. Körner (1967, 17).

따라서, 「변증론」에서의 절대적 전체로서의 세계는, 감성의 공간 · 시간 형식을 통해서 주어져 오성의 범주에 의해 규정되는 「분석론」에서의 "모든 현상들의 총괄로서의 자연(Natur)"(B163) · "모든 가능적 경험의 객관 즉 자연"(A114)과는 다른 것이다.

이리하여 세계의 〈인식〉이라는 관점에서 보자면, 칸트의 초월론적 관념론이란, 애초에 우리에게 주어지지 않는 세계를 규정하고 인식하는 것은 불가능하며, **결코 세계는 현상 · 감성계 · 자연처럼 인식의 대상이 될 수 없다**고 여기는 입장인 것이다. 나아가서 세계의 〈존재〉의 관점에서 보자면, **세계는 자체적으로 존재하는 물자체가 아니지만, 또한 주관의 인식 형식에 따라서 존재하는 현상**(감성계, 자연)**의 관념성과도 다른 관념성을 가진다**. 따라서 물자체도 현상도 아니라, 이념적 존재인 세계는 초월론적 관념론에서 특별한 존재 성격을 가진다고 말할 수 있겠다.

지금까지 우리는 종래 형이상학과의 대비를 통해서, 칸트 인식론〈으로부터〉 세계가 어떻게 파악되는가를 보아 왔다. 다음 절과 제4절에서는, 그렇게 새로이 파악된 세계가 칸트 인식론〈에서〉 구체적으로 어떠한 역할을 하는가를 음미하도록 하자.

3. 현상의 인식과 세계

"어떤 경험도 무조건적이지 않기"(A326=B383) 때문에, 무조건적인 것인 세계는 결코 경험의 대상이 될 수 없다. 그러므로 얼핏 보기에 세계는, 인식의 가능성의 조건을 묻는 칸트 인식론에서 비주제적인 것으로서 소극적인 위치밖에 차지하지 않는 것처럼도 생각된다. 하지만 칸트는 「순수이성의 개념들에 대하여」에서 다음과 같이 말하고 있다.

> "만약 이성개념이 무조건적인 것을 포함한다면, 이 이성개념은, 그것에 모든 경험이 속하지만 그 자신은 결코 경험의 대상이 아닌 어떤 것과 관련한다."(A311=B367)

이 인용으로부터, 종래 형이상학이 인식하고자 했던 세계가 실은 인식의 대상이 될 수 없다는 것이 다시 한 번 확인됨과 동시에, **현상의 인식은 세계와 무관하게 성립하는 것이 아니라 세계에 속한다**고 하는 양자의 관계도 제시되고 있다. 그렇다면 이하에서는, 현상의 〈인식〉이 세계에 귀속한다는 것이 양자의 관계를 어떻게 생각하는 것이 되는가라는 문제에 대하여 고찰하도록 하자.

「이율배반」의 제8절 「우주론적 이념들에 관한 이성의 통제적 원리」는, 현상을 인식할 때 "통제적 원리"(A509=B537)로서 활동하는 세계 이념의 적극적인 측면을 논하고 있다.

> "그것〔세계〕은 감성계의 개념을 모든 가능적 경험을 넘어서 확장하는 이성의 **구성적 원리**가 아니라, 경험을 가능한 곳까지 계속해서 확장하는 원칙이다. 이 원칙에 따르면 어떠한 경험적 한계도

절대적 한계로 여겨져서는 안 된다."(Ibid., 강조는 칸트)

이처럼, 가능적 경험에게 절대적 한계로서 나타나는 세계를, 경험적(상대적) 한계인 감성계처럼 오성 범주로 규정하고 구성하는 원리로 다루는 것은 불가능하다. 따라서 오성 범주와는 다르게 인식의 객관적 실재성을 갖지 않는 세계의 경우에는 "**객관〔세계〕이 무엇이다라고는 말할 수 없다**"(A510=B538, 강조는 칸트).[38] 세계 이념은 어디까지나 현상의 인식을 확장할 때의 "**경험적 배진이 어떻게 행해지지 않으면 안 되는가**"(Ibid., 강조는 칸트)를 통제하는 원리로서의 역할을 갖는 것이다. 나아가서 그러한 통제적 원리란 단지 "오성 사용의 확산을 촉진할 뿐만 아니라, 동시에 **오성 사용의 올바름을 보증하는**"(A680=B708) 것이다.

그렇다면 구성적 원리가 아니라 통제적 원리인 세계는 과연 어떻게 현상의 인식을 통제하는 것일까? 칸트는 「초월론적 변증론에의 부록」에서 다음과 같이 답하고 있다.

"초월론적 이념들은 훌륭하고 불가결하게 필연적인 통제적 사

38 「분석론」은 "진리의 논리학"(A62=B87)이지만, 그에 반해 세계가 처음으로 주제화되는 「변증론」은 "가상의 논리학"(A293=B349)이며, 칸트는 세계를 "초월론적 가상"(A297=B353)으로도 부른다. 하지만 나아가서 칸트는 진리와 가상이 생기는 원천에 관하여 다음과 같이 말하고 있다. "진리 혹은 가상은, 직관되는 한에서의 대상에 있는 것이 아니라, 오히려 사유되는 한에서의 대상에 대한 판단에 있다."(A293=B350) 그러므로 세계 그 자체가 바로 가상인 것이 아니라, 어디까지나 (종래 형이상학이 내렸던) **세계는 무엇무엇이라고 하는 판단이** 세계를 가상으로 변하게 만드는 것이다.

용, 즉 모든 오성 규칙들의 방향선들이 한 점에 모이는 어떤 목표로 오성을 향하게끔 하는 사용을 가진다.”(A644=B672)

이처럼, 세계 그 자체는 인식의 대상이 아니라고 해도 하나의 “허초점(focus imaginarius)”(A644=B672)이라는 의미에서 대상적 성격을 가지며, 이성은 그러한 대상으로서의 세계로 이것저것의 일정한 인식을 이끎으로써 오성을 통제한다.[39] 게다가 주목하지 않으면 안 되는 것은 현상의 인식과 세계의 관계에 대한 칸트의 다음과 같은 언명이다.

“이성 통일은 항상 … 인식의 전체 형식에 대한 이념을 전제하는데, 그 인식의 전체는 부분들의 일정한 인식에 **앞서**(vor), 모든 부분에게 그것의 위치와 다른 부분과의 관계를 선험적으로 규정해 주는 조건들을 포함한다.”(A645=B673, 강조는 칸트)

이와 같이 인식의 전체와 관련하는 세계는 부분적인 인식에 ‘앞서’ 이미 그 배경을 이루고 있기 때문에, 오성에 의한 현상의 인식은 항상 세계 이념을 배경으로 하여 행해질 수 있다. 따라서 “현상들은 **세계 내에서** 조건 지어진 방식으로 한계 지어져 있으며”(A522=B550, 강조는 칸트), 그러한 한 통제적 원리로서의 세계 이념은, 감성의 공간 · 시간 형식과 오성의 범주와 함께 현상의 인식을 가능하게 하는 또 하나

39 따라서 통제적 원리로서의 세계는 위와 같은 의미에서는 대상적 측면을 가진다고 말할 수 있을 것이다. Cf. Grier (2007, 276-278).

의 숨겨진 조건이라고 말할 수 있지 않겠는가.[40]

"어떤 것〔세계〕에 모든 경험이 속한다"고 하는, 현상의 〈인식〉과 세계의 관계에 대한 지금까지의 고찰에 의해서, 세계는 칸트 인식론에서 간과할 수 없는 중요한 개념이라는 것이 제시되었다. 다음의 제4절에서는 현상의 〈존재〉와 세계의 관계라는 측면으로부터, 계속해서 칸트 인식론〈에서〉 세계 개념이 갖는 의의를 밝히도록 하자.

4. 현상의 존재와 세계

칸트 인식론에서 현상의 〈존재〉와 세계의 관계를 음미하기 위하여, 「이율배반」의 제6절 「우주론적 변증론을 해결하기 위한 열쇠로서의 초월론적 관념론」에서의 논의를 단서로 하도록 하자. 그곳에서 초월론적 관념론은 다음과 같이 정의되고 있다.

> "공간 혹은 시간에서 직관되는 모든 것은, 따라서 우리에게 가능한 모든 대상들은 현상들 즉 단지 표상들과 다름없고 … 우리의 사유 밖에서는 그 자체로 정초된 어떠한 현존도 갖지 않는다. 이러한 학설을 나는 **초월론적 관념론**이라고 이름 붙인다."(A490f.=B518f., 강조는 칸트)

40 하임죄트는 통제적 원리로서의 세계 이념은 「변증론」뿐만 아니라 칸트 인식론 전체에서도 중요하다고 해석한다. Heimsoeth (1967, 310).

이처럼 공간 · 시간에서 대상은 자체적으로 존재하는 것이 아니라, 우리의 인식에 기초해서만 존재할 수 있다. 그러므로 대상이 물자체로서 **먼저** 존재하고, 그러한 대상을 우리가 **나중에** 인식하는 것이 아니라, 대상의 〈존재〉 문제에는 **이미** 우리의 〈인식〉이 침투하고 있을 것이다. 바꿔 말하면, "우리의 인식이 대상들〔의 존재〕에 따르는"(BXVI) 것이 아니라 "대상들〔의 존재〕이 우리의 인식에 따르는"(Ibid.) 한, 우리의 인식 조건인 공간과 시간은 동시에 "현상으로서의 사물들의 **현존의** 조건"(BXXVI) · "모든 사물들의 **현존의** 필연적인 조건"(B70)이기도 하다.

하지만 감성의 공간 · 시간과 오성의 범주는 어디까지나 현상이 존재하기 위한 조건(형식)이며, 현상의 존재 그 자체를 스스로 산출하는 것은 아니므로, 우리의 인식 형식은 대상이 존재하기 위한 필요조건이기는 하나 충분조건이 될 수는 없다. "경험 진행의 법칙들에 따라서 지각과 부합하는 모든 것은 현실적인 것이다"(A493=B521)라든지, 혹은 "현상들은 오로지 지각에서만 현실적이며, 지각은 경험적 표상의 현실성 즉 현상과 다름이 없다"(Ibid.)는 표현으로부터 알 수 있듯이, 인식 주관의 형식과 함께 현상의 존재를 보증하는 것은 '지각'이다.[41]

그렇다면 과연 지각과 세계는 어떠한 관계에 놓여 있을까? 양자의 관계에 대한 칸트의 생각은 다음의 인용에서 읽을 수 있다.

---

41 또한 대상의 존재 문제가 주제화되는 『순수이성비판』 제1판의 「제4오류추리」에서는, "지각은 현실적인 것 바로 그것이다"(A375)라고도 표현되고 있다.

"우리는 현상들 일반의 가상적인 원인(die intelligible Ursache)에 불과한 것을 초월론적 객관이라고 부르는데, 그것은 단지 우리가 수용성으로서의 감성에 대응하는 어떤 것을 갖기 위해서이다. 이 초월론적 객관에게 우리는 우리의 가능한 지각들의 모든 범위와 관련을 귀속시킬 수 있다."(A494=B522f.)

위와 같이, 지각은 현상의 존재를 증명하는 것이지만, 지각은 어디까지나 **경험적인** 것인 한 **이것저것의** 일정한 현상의 존재를 **그때마다** 증명하는 것에 불과하다. 따라서 현상의 존재에 대하여 **초월론적**으로 물을 때는, 지각만으로는 불충분하며, 현상 **일반** 즉 **모든** 현상의 존재를 보증할 수 있는 것까지 밝히지 않으면 안 될 것이다.

그러한 것을 칸트는 위의 인용에서는 '초월론적 객관'이라고 부르면서, 그것에게 **이것저것의** 현상(경험적 객관)의 존재가 아니라 '현상들 **일반**(überhaupt)'의 원인으로서 생각할 수 있는 것, 따라서 일정한 현상의 존재를 증명하는 "지각의 **모든** 범위와 관련을 귀속시킬 수 있는" 것으로서의 신분을 부여하고 있다.

얼핏 보기에 위의 인용은 「감성론」에서의 논의를 단지 반복할 뿐이며, 여기에서 '현상들 일반의 가상적 원인'으로 되어 있는 '초월론적 객관'은 물자체로 해석될 수 있을지도 모르겠다.[42] 그러나, 「감성론」에서는 불문에 부친 채로 남겨 두었지만, 우리는 다음과 같이 묻지 않으면 안 될 것이다. 애초에 물자체란 무엇인가? 즉 〈우리와 단절

42 Vgl. Heimsoeth (1967, 293-294).

되어 그 자체로서 존재하는 것〉이란 과연 무엇인가?

「변증론」을 고려에 넣은 지금은 그것이 세계라고 답할 수 있을 것이다. 왜냐하면 그것의 정의상 무조건적인 것인 세계는 자신이 존재하기 위하여 어떠한 조건도 필요하지 않기 때문이다. 하지만, 그 자체로서 존재한다고 여겨진 세계가 실은 이념이었다는 것은 이미 이 장의 제2절에서 확인했다. 이리하여 모든 현상의 존재를 보증한다고 여겨지는 위 인용에서의 '초월론적 객관'이란 물자체로서의 세계가 아니라, 이념으로서의 세계를 의미한다고 해석할 수 있을 것이다.[43]

이상과 같이, 현상의 존재를 경험적으로 증명하는 지각과, 그러한 지각 모두가 귀속하는 세계의 근원적 관계로부터, 세계는 현상의 〈인식〉뿐만 아니라 현상의 〈존재〉 문제에 관해서도, 칸트 인식론에서 중요한 역할을 하는 개념이라고 말할 수 있겠다.

5. 초월론적 관념론과 세계

지금까지 우리는, 초월론적 관념론의 입장〈으로부터〉 세계가 어떻게 새로이 파악되었는가(제2절), 또한 칸트 인식론〈에서〉 세계는 어떻게 자리매김하게 되었는가(제3 · 4절)를 더듬어 왔다. 지금부터는 초월론적 관념론이라는 칸트 인식론 그 자체〈와〉 세계의 관계를 더

43 '초월론적 객관' 개념의 다의성에 관한 상세한 논의는 본서 제5장을 참조하길 바란다.

욱더 파고들어 가서 고찰하도록 하자.

칸트는 『순수이성비판』에서 인식의 가능성을 묻고 있는데, 애초에 그것의 가능성이 문제시되는 〈인식〉이란 어떠한 것일까?

> "이론적 인식이란, 그것에 의해 내가, 무엇이 **실제로** 존재함을 인식한다고 하는 것이며, … 이성의 이론적 사용이란, 그것에 의해 무언가가 존재한다는 것을 내가 선험적으로(필연적인 것으로) 인식한다는 것이다."(A633=B661, 강조는 칸트)

「순수이성의 이상」 제7절에 있는 위와 같은 정의에 의하면, (이론적) 인식의 핵심은, 대상의 현실성(존재)을 우연적인 것이 아니라 '필연적인 것'으로 만드는 것에 있다고 말할 수 있겠다. 그렇다면 다음의 세 인용을 참조하면서 인식에서의 우연성-현실성-필연성의 관계를 보다 명확하게 하자.

> ① "경험(지각)은 우리에게 어떤 것이 이러하다는 것은 가르쳐 주지만, 그것이 이러하**지 않으면 안 된다**는 것은 가르쳐 주지 않는다."(B3)

이처럼 칸트는 제2판의 「서론」에서 지각과 인식을 변별하고 있다. 즉 단순한 지각에서 대상의 현실성은 우연적인 것이지만, 그에 반해서 인식에서 대상의 현실성은 필연적인 것이다.[44]

---

44 지각과의 대비를 통해 특징지어지는 인식은 본서 제4장의 제2절에서의 지각판단과 인식판

② "만약 현상들과 꿈이 경험적인 법칙들에 따라 경험에서 올바르고 일관되게 연관한다면, 현상들의 경험적 진리는 꿈과의 유사성으로부터 충분히 구별된다."(B520f.)

여기서는 현상의 현실성을 꿈으로부터 구별할 때, 우연적인 지각보다 오히려 필연적인 오성 법칙이 강조되고 있다. 왜냐하면, 꿈속에서의 가짜 지각도 적어도 **꿈속에서는** 현실의 지각과 마찬가지로 생생하기 때문이다.

③ "우리는 자연을, 필연적인 법칙들 즉 법칙들에 따라서 현존하는 현상들의 연관으로 이해한다."(A216=B263)

이와 같이 「분석론」에서, 인식의 대상인 자연(상대적 전체)의 현실성을 특징짓는 것은 우연성이 아니라, 어디까지나 (감성의 공간 · 시간 및) 오성의 범주에 따르는 필연성이다.[45] 이리하여 현상과 자연의 현실성은, 우연적 현실성이 아니라, 인식하는 주관의 형식에 의한 필연성에 포섭되는 이른바 **필연적 현실성**을 의미한다.

그렇다면 과연 세계의 경우에는 우연성-현실성-필연성의 관계는 어떻게 되는 것일까? 이 장의 제2절에서 확인하였듯이 초월론적 관념론에 의하면, 현상과 현상들의 상대적 전체인 자연은 인식의 대상

단의 논의에서 상세하게 설명하고 있다.

45 현상과 자연(감성계)은 필연성에 지배되어 있으며, 그러한 의미에서 칸트에게, 필연적이지 않은 것은 현실적이지도 않다고 후쿠다는 해석한다. 福田(1989, 142-143).

이 될 수 있지만, 그에 반해 현상들의 절대적 전체인 세계는 인식의 대상이 될 수 없는 이념이었다. 즉 현상과 자연의 현실성과는 다르게, 세계의 현실성은 결코 필연성으로 포섭할 수 없으며, 그렇기 때문에 세계는 인식의 대상이 될 수 없는 것이다. 역으로 말하면, 필연성에 의해서 정초될 수 없는 세계의 존재란 칸트의 초월론적 관념론에 있어서는 **근원적으로 우연적인 것**이라고 말할 수 있겠다. 나아가서 「초월론적 변증론에의 부록」의 마지막 장에서 칸트는 다음과 같이 말하고 있다.

> "그러한 개념들〔오성 범주〕은 감성계에서의 사물들의 가능성을 설명하기 위해서는 사용될 수 있지만, **세계 전체 자신**의 가능성을 설명하기 위해서 사용될 수는 없다. 왜냐하면 이러한 설명 근거는 세계 밖에 있지 않으면 안 되기 때문이다."(A677=B705, 강조는 칸트)

이처럼, 우리는 인식을 가능하게 하는 조건을 밝힘으로써 현상을 근거 짓는 것은 가능하지만, 그러한 조건을 애초에 세계에는 적용할 수 없는 한, 세계를 근거 짓는 것 따위는 불가능하다. 따라서 초월론적 관념론에서 세계는 무근거 혹은 몰(沒)근거라고 말할 수 있겠다.

지금까지 보아 왔듯이, 세계는 칸트 인식론 그 자체의 한계를 드러내는 것으로서 "어떠한 해결도 없는 하나의 **문제**로 남겨져 있다"(A328=B384, 강조는 칸트). 이러한 것은 칸트 인식론의 불완전성을 드러내고 있는 것처럼도 보인다. 하지만, 오히려 그렇게 세계를 풀 수 없는 문제로 남겨 둘 수밖에 없었던 사태야말로, 우리와 세계의 근원적인 관계에 대한 칸트의 깊은 통찰을 드러내고 있지 않겠는가?

위의 인용에 의하면, 우리가 세계를 근거 짓는 것이 불가능한 이유는, 근거 혹은 근거 짓는 것은 근거 지어지는 것의 "**밖에** 있지 않으면 안 되"지만, (현상의 경우에는 가능해도) 세계의 경우에는 그러한 것이 불가능하기 때문이었다. 즉 세계를 근거 짓는 것 따위가 불가능하다는 것은, **우리는 결코 세계의 외부에 설 수 없다**고 하는 우리의 근원적인 존재 방식 혹은 근본 사실을 역으로 증명하고 있는 것이 된다.[46]

이상의 고찰에 입각하여 앞 절의 모두에서 인용한 초월론적 관념론의 정의를 다시 한 번 보도록 하자.

> "가능적 경험의 모든 대상들은 … 우리 사유의 밖에서는 그 자체로서 정초된 어떠한 현존도 가지지 않는다."(A491=B519)

이처럼 초월론적 관념론은, 현상의 존재는 우리에 의해 정초된다고 보는 입장이다. 그런데, 그때 현상의 밖에 서서 현상의 존재를 정초하고자 하는 '우리'란 애초에 어떠한 존재 성격을 갖는 것일까?

이미 밝혀진 것처럼 그러한 "우리"조차도 결코 세계 밖에는 설 수 없는 한, 초월론적 관념론에서 말하는 "우리"는 **무세계적인 우리가**

---

46 메를로퐁티는, 하이데거의 '세계-내-존재(In-der-Welt-Sein)'는 후설을 기반으로 해서만 생겨날 수 있었다고 말하고 있지만(Merleau-Ponty (2012, 15)), 하이데거의 '세계-내-존재' 속에는 위와 같은 칸트의 사상도 살아 있는 것이 아니겠는가.

아니라 어디까지나 세계에 숙명 지어진 우리라고 해석하는 것이 허락되지 않겠는가.[47]

이상과 같이 〈초월론적 관념론에서의 우리〉와 세계 사이의 원초적인 관계는 결코 그 이상 소원(溯源) 불가능한 것이기 때문에, 칸트는 세계를 문제로 남겨 두면서 다음과 같이 말하고 있다.

> "〔세계〕 전체에 대한 우리의 판단〔인식〕은 말을 잃어버렸지만, 그만큼 한층 더 웅변적인 경탄에 해소될 수밖에 없다."(A622=B650)

6. 나가는 말

> "**주어져 있는** 객관들을 상정하지 않고, 대상들 일반에 관계하는 모든 개념들과 원칙들의 체계에서의 **오성** 및 이성 그 자체만을 고찰한다."(A845=B873, 강조는 칸트)

이처럼 『순수이성비판』의 말미에서 재확인하고 있듯이 칸트의 인식론은, 일정한 현상 이것저것의 인식을 그때마다 경험적으로 묻는 것이 아니라 현상 일반의 인식 가능성을 초월론적으로 묻기 위하여, 어쩔 수 없이 우리와 현상의 관계를 단절하여 순수한 인식 주관의 능

47 이러한 해석은 다음의 인용으로부터도 뒷받침될 수 있다고 생각한다. "모든 장소〔공간〕는 우주〔세계〕 안(內)에서만 존재하며, 따라서 이 우주〔세계〕 자신은 어떠한 장소〔공간〕에도 존재하지 **않는다**."(A502=B530, 강조는 칸트)

력만을 고찰할 수밖에 없었다.

하지만, 칸트는 그러한 방법을 취할 때조차도, 완전히 단절할 수 없는 우리와 세계의 원초적인 유대를 통찰하였다. 바로 그렇기 때문에, 결코 세계라는 "경험의 지반(Borden)을 떠나지"(B7) 않는 칸트의 근본 자세가 『순수이성비판』 전체를 관통하고 있는 것이 아니겠는가.

참고문헌

Baker, S. F. (1969), Appearing and Appearances in Kant, in: L. W. Beck (ed.), *Kant Studies Today*, LaSalle.

Grier, M. (2007), *Kant's Doctrine of transcendental Illusion*, Cambridge.

Heimsoeth, H. (1967), *Transzendentale Dialektik – Ein Kommentar zu Kants Kritik der reinen Vernunft* 2, Berlin.

Körner, S. (1967), *Kant*, Bristol.

Merleau-Ponty, M. (2012), *Phénoménologie de la Perception*, Paris.

Moore, G. E. (1953), *Some main Problems of Philosophy*, London.

福田喜一郎(1989),「カントの様相の理論と必然的存在者の問題」,『現代カント研究1』, カント研究会編, 理想社.

8장

진리론으로서 인식론

1. 들어가는 말

> "초월론적 논리학의 이 부문은 … 초월론적 분석론이고, 또한 동시에 진리의 논리학이다."(A62=B87)

「초월론적 논리학」의 「서론」에서 위와 같이 말하는 칸트에게, 진리 개념은 그의 경험 이론과 떼려야 뗄 수 없다. 즉 초월론적 분석론이 동시에 진리의 논리학이라는 것은, 칸트의 인식론은 동시에 진리론이기도 하다는 것을 의미한다. 역으로 말하면, 칸트의 진리 개념을 해명하는 것은, 동시에 칸트 철학의 근본적인 입장을 밝히는 것이 되기도 한다. 따라서 이 장에서는, 칸트의 인식론을 진리론이라는 관점에서 볼 경우 그것이 어떠한 의의를 갖는가를 고찰하고자 한다.

『순수이성비판』에서 진리 개념의 내실을 해명하기 위한 이 장의 구성은 다음과 같다. 우선 제2절에서는, 진리에 관한 종래의 전통적인 철학과 칸트 철학의 근본적인 입장 차이를 확인한다. 제3절에서는, 칸트의 초월론적 분석론이 어떠한 의미에서 진리의 논리학인가를 종래 논리학과의 비교 검토에 의해 밝힌다. 제4절에서는 초월론적 관념론의 재고를 통해서, 세계 개념과 진리의 관계에 대하여 고찰하려 한다.

2. 코페르니쿠스적 전회(轉回)와 진리

"진리는 인식과 인식 대상의 합치(Übereinstimmung)다."
(A58=B82).

칸트는 진리 개념에 대하여 이와 같은 정의를 일관해서 말하고 있다.[48] 따라서 『순수이성비판』에서 진리 개념을 밝히는 것은, '인식과 대상의 합치'라는 표현이 도대체 무엇을 의미하는가를 밝히는 것과 깊은 관계에 있다고 할 수 있을 것이다. 따라서 이 절에서는, 진리에 대한 칸트의 기본적인 입장을 확인해 두도록 하자.

진리가 인식과 대상의 합치라고 한다면, 그것은 아마도, 다음과 같이 상반하는 두 개의 방식에서의 합치라고 생각된다.

① 인식이 대상에 따르는 것에 의해 양자는 합치한다.
② 대상이 인식에 따르는 것에 의해 양자는 합치한다.[49]

그런데, 칸트는 인식과 대상의 관계에 대하여 『순수이성비판』의

---

48 예를 들면, 진리 개념의 정의에 대한 같은 표현으로 다음의 것들이 있다. "진리([인식과] 객관의 합치)"(A157=B196f.), "인식과 객관의 합치가 진리다"(A191=B236), "진리 즉 우리의 인식과 객관들의 합치"(A237=B296), "진리 즉 우리 개념과 객관의 합치"(A642=B670), "진리는 〔인식과〕 객관의 합치에 기초한다"(A820=B848).

49 애초에 인식과 대상은, 위와 같은 양자택일의 관계가 아니라, 인식이 대상에 따르면서 동시에 대상이 인식에 따른다고 하는 제3의 입장이 있을 수 있으나, 이 장에서는 칸트에 따라서 논의를 진행하도록 한다.

「서문」에서 다음과 같이 말하고 있다.

> "'우리의 인식이 대상에 따르지(richten)' 않고, 오히려 '대상들이 우리의 인식에 따른다'."(BⅩⅥ)

이와 같은 소위 코페르니쿠스적 전회하에서는, 진리란, (①) 인식이 대상에 따르는 것에 의한 합치가 아니라, 어디까지나 (②) 대상이 인식에 따르는 것에 의한 합치다. 진리가 인식과 대상의 합치라는 생각(진리 대응설) 그 자체는 예로부터의 전통적인 진리관이며 칸트가 스스로 내세운 것이 아니다. 하지만, 칸트의 진리론은 인식과 대상의 합치가 어떠한 방식에서 이루어지는가라는 점에 있어서 기존과는 근본적으로 다른 독자적인 것이며, 그러한 한, 칸트의 "진리는 인식과 대상의 합치다"라는 것도 종래의 그것과는 다른 고유한 의미를 갖게 된다. 즉, 칸트는 종래의 진리관을 부정하는 것은 아니지만, 그러면서도 그것을 무비판적으로 답습하지도 않는다. 오히려 칸트는 어디까지나 종래의 진리관을 계승하면서도, 그것을 초월론적 관념론이라는 그 자신의 철학적인 입장에서 새롭게 되잡아 보려 하는 것이다.[50]

그렇다면, 이상과 같은 진리의 정의에서 인식과 대상의 전통적인 관계 역전은 도대체 무엇을 함의하고 있을까? 물론 진리는 인식과 대상의 합치지만, 그 합치가 대상에 인식이 따르는 것에 의한 합치라고

---

50 그럼에도 불구하고, 칸트는 진리 개념에 대하여 어떠한 대안도 제시하지 않고, 단순히 진리 대응설을 그대로 채용했다고 여기는 해석이 있다. Cf. Phillips (2008, 590).

보는 종래의 관점은, 암암리에 인식의 대상을 물자체로 본다는 전제를 포함하고 있다. 왜냐하면, 만약 대상이 우리의 인식에 앞서서 그 자체로 존재하고 있다면, 대상과 인식의 합치는 인식이 대상에 따르는 방식으로밖에 가능하지 않기 때문이다.

나아가서는, 그와 같이 인식의 대상을 물자체로 보는 것은, 인식과 대상의 합치인 진리도, 우리 인식의 방식과는 무관하게 그 자체로 이미 성립되어 있는 진리라고 여기는 것과 다름없다. 그리고 그러한 경우에 우리의 인식은, **이미 자체적으로 존재하고 있는 진리를 단지 모사함**에 불과한 것이 되고 만다.

그에 반해, 인식이 대상에 따르는 것이 아니라 대상이 인식에 따르는 것에 의해 양자의 합치가 성립한다고 여기는 칸트의 경우에는, 인식의 대상은 더 이상 자체적으로 존재하는 물자체가 아니라, 우리의 인식에 따라서만 존재하는 현상을 의미하게 된다. 이와 같이 인식 대상의 존재 성격이 바뀜으로써, 당연하지만 인식과 대상의 합치인 진리 그 자체의 의미도 변하게 된다. 즉 진리란, 결코 우리의 인식에 앞서서 그 자체로 존립하고 있는 것이 아니라, 어디까지나 우리의 인식에 의해서 비로소 성립하는 것이 된다. 따라서 우리의 인식이란, 이미 있는 진리의 모사 따위가 아니라, **오히려 진리 그 자체의 생성에의 참여**가 될 것이다.

이상과 같이 칸트가, 인식과 대상의 합치라는 진리 대응설을 일단 받아들이면서도, 그 내실에서는 종래의 진리 대응설과는 근본적으로 다른 진리관을 말하고 있다는 것이 확인되었다. 그렇다면 이러한 것을 염두에 두면서, 진리에 대한 칸트의 기본적인 입장을 보다 명확하게 하도록 하자. 칸트는 「변증론」의 「서론」에서 다음과 같이 말하고 있다.

> "진리 혹은 가상은, 〔①〕 직관되는 한에서의 대상 안에서가 아니라, 오히려 〔②〕 사유되는 한에서의 대상에 대한 **판단** 안에 있다." (A293=B350)

이 인용에서는 우선 ① 진리가 존재하는 장소가 '대상'이 아니라는 것이 확인된다. 그러나 또한 진리가 문제시되는 대상이란 어디까지나 **직관되는 한에서의** 대상이라는 것도 유의하지 않으면 안 된다. 즉 애초에 칸트가, 진리는 '인식과 대상의 합치'라고 할 때의 대상이란, 그 자체로 존재하는 물자체가 아니라, 어디까지나 감성의 공간 · 시간 형식에서 직관되는 한에서의 현상인 것이다. 따라서 **진리는, 인식과, 감성을 통해서 직관되는 한에서의 대상의 합치**를 의미하게 된다.

하지만, ② 진리는 단지 대상이 직관될 뿐만 아니라, 나아가 직관된 바로 그 대상이 사유되어, 그 대상에 대한 판단이 내려짐으로써만 생성된다. 왜냐하면 "감관들의 표상에는 … 어떠한 〔진리도〕 오류도 없기"(A294=B350) 때문이다. 예컨대, 바다의 중앙이 해안보다 높게 보인다든지, 떠오르기 시작하는 달이 하늘의 달보다 크게 보인다든지(A297=B354) 하는데, 그때, 애초에 감관(눈)이란 단지 **맹목적으로** 대상의 표상을 수용할 뿐이다. 즉 "개념들 없는 직관들은 맹목적인 것이다"(A51=B75). 그러므로 바다의 중앙이 높게 보인다든지, 떠오르기 시작하는 달이 크게 보인다든지와 같은 "시각적 가상"(A295=B351)은, 어디까지나 높다든지 크다는 규정 판단이 내려질 때에만 생겨난다. 즉 엄밀하게 말하면, 위의 예는 바다의 중앙이 높게 보인다고 판단하든지, 떠오르기 시작하는 달이 크게 보인다고 판단한다는 것이 될 것이다. 따라서, "진리도 오류도 … 판단에서만, 즉 대상과 우리 오성의 관계에서만 발견될 수 있는"(A293=B350) 것이다.

지금까지의 논의에 의하면, 칸트에게 인식과 대상의 합치로서의 진리란, 오성(판단)과, 감성을 통해 주어지는 대상(현상)의 합치를 의미한다고 말할 수 있겠다. 이처럼 진리는 어디까지나 오성에 의한 판단에서만 나타나는 것이다. 따라서, 다음 절에서는 오성을 주제화하는 「분석론」에 들어가서, 칸트의 진리 개념에 대하여 보다 자세하게 보도록 하자.

3. 「분석론」과 진리

"순수 오성 인식의 요소들과, 그것들 없이는 어떠한 대상도 전혀 사유(판단)될 수 없는 원리들을 논하는 초월론적 논리학의 이 부문은, 초월론적 분석론이며, 또한 동시에 진리의 논리학이다." (A62=B87)

앞 절에서는 사유하는 능력인 오성에 의한 판단에서만 진리가 문제시될 수 있다는 것을 확인했는데, 위의 인용은 그러한 오성을 다루는 「분석론」이 바로 진리의 논리학임을 명확하게 내세우고 있다. 따라서 이하에서는, 「분석론」이 어떠한 의미에서 진리의 논리학인가를 밝히면서, 칸트의 진리 개념을 조금 더 구체화하도록 하자.

> "논리학자들의 무지를, 즉 그들의 모든 기술의 공허함을 고백하지 않을 수 없게 만드는 예로부터의 유명한 물음은, '**진리란 무엇인가?**'라는 물음이다."(A58=B82, 강조는 칸트)

이처럼 칸트에 의하면, 종래의 논리학은 진리란 무엇인가라는 물음에 대하여 어떠한 답도 제시할 수 없었다. 그에 반해 칸트의 「분석론」은 그 물음에 답할 수 있었기 때문에 진리의 논리학이라 칭할 수 있을 것이다. 따라서 종래 형이상학이, 진리란 무엇인가라는 물음에 답할 수 없었던 이유를 살펴본다면, 초월론적 분석론이 동시에 진리의 논리학인 까닭도 보일 것이라고 생각한다.

그렇다면, 종래의 논리학이 진리란 무엇인가라는 물음에 답하고 있지 않다고 말함으로써, 칸트는 무엇을 말하고자 하고 있는 것일까?

> "〔①〕 진리는 인식과 그 대상의 합치라고 하는 진리의 명칭설명(Namenserklärung)은, 여기서 주어져 있고 또한 전제되어 있다. 하지만 사람들이 알고 싶어 하는 것은, 〔②〕 무엇이 개개 인식의 진리

의 보편적이고 확실한 기준(Kriterium)인가라는 것이다."(Ibid.)[51]

이 인용으로부터 알 수 있듯이, 종래의 논리학자를 곤란에 직면하게 한 "진리란 무엇인가?"라고 하는 물음이란, "무엇이 개개 인식의 진리의 보편적이고 확실한 기준인가"라는 물음인 것이다. 여기서 문제시되고 있는 진리란, 이것저것의 개별적 인식과 이것저것의 개별적 대상이 그때마다 합치하는 경우의 "경험적 진리"(A146=B185)가 아니다. 오히려, 어떠한 인식이든 또한 어떠한 대상이든, 인식 **일반**과 대상 **일반**이 합치하기 위한 기준 혹은 조건으로서의 "초월론적 진리"(Ibid.)를 묻고 있다. 즉, 칸트가 문제시하고 있는 진리란, 특정한 인식과 특정한 대상이 합치하는 것과 같은 현실적 진리가 아니라, 그러한 현실적 진리 전부를 가능하게 하는, 말하자면 가능적 진리라고 말할 수 있을 것이다.[52] 하지만 종래의 논리학에서는 그러한 문제에 대하여 해결을 줄 수 없었다. 그렇다면 칸트는 왜 종래의 논리학이 그러한 경험적 진리의 가능성의 조건을 밝힐 수 없다고 생각하였을까?

---

51 『논리학강의』를 살펴보면, 〔①〕 인식과 대상의 합치라는 진리의 '명칭설명'은 진리의 "명목적 정의(die nominal Definition)"(XXIV573)에 해당하고, 그에 반해 〔②〕 특정한 인식과 특정한 대상이 실제로 합치하고 있다고 간주할 수 있는 '기준'은 진리의 "실재적 정의(die real Definition)"(Ibid.)에 해당한다. 즉, 진리의 명목적 정의가 그 낱말처럼 공허한 것이 아니라 내용을 가질 수 있는 기준(실재적 정의)을 밝히는 것이 「분석론」의 중요한 과제이기도 할 것이다. 명목적 정의와 실재적 정의를 포함한 칸트의 정의 개념 일반에 대해서는 다음의 문헌을 참조할 것. Vanzo (2010a, 151-161).

52 경험적 진리와는 차원을 달리하는 초월론적 진리를 '모든 진리가능성(die alle Wahrheitmöglichkeit)'으로 바꿔 말할 수도 있을 것이다. Vgl. Prauss (1969, 181).

"〔①〕 진리의 보편적 기준이란, 모든 인식에 대하여, 그것들의 대상들을 구별하지 않고 타당할 것이다. 〔②〕 보편적 기준의 경우에 사람들은 인식의 모든 내용(인식과 대상의 관련)을 도외시한다. 그러나 〔③〕 진리는 바로 이 내용에 관련하는 것이다. 따라서, 〔④〕 충분하고, 게다가 동시에 보편적인 진리 기준의 표식(Kennzeichen)이 제시될 수는 없다."(A58f.=B83)

〔①〕 진리의 보편적 기준은 "대상들의 차이를 도외시한다"(A54=B78). 왜냐하면, 진리의 보편적 기준은 보편적인 한, 그 기준에 따른다면, 이것저것의 특정한 인식이 단순히 이것저것의 특정한 대상과 그때마다 합치하는 것이 아니라, 모든 인식 일반이 모든 대상 일반과 틀림없이 항상 합치할 것이기 때문이다.

종래의 논리학자는 그러한 진리의 보편적 기준으로서 "사유 일반의 형식"(A59=B64), 예컨대 "모순율"(A151=B190)을 든다. 인식은 사유하는 능력인 오성의 활동이다. 따라서 만약 모순율에 따르지 않는다고 한다면, 애초에 진리(인식과 대상의 합치)를 떠맡는 한쪽 날개인 **인식** 그 자체가 불가능하게 되어 버리는 것이다.

모순율에 따라서만 사유하는 오성에 의해 인식이 이루어지기 때문에, 종래의 논리학이 제시하는 사유 일반의 형식(모순율)은 진리(인식과 대상의 합치)의 "필요조건(conditio sine qua non), 그러므로 소극적 조건"(A59=B84)이다.

이와 같이 모순율은 어디까지나 진리의 적극적 조건이 아니라 **소극적 조건**이기 때문에, 다음과 같은 문제도 또한 생겨나게 된다. 즉,

인식이 "논리적 형식 그 자체에는 모순되지 않아도, 그 인식은 여전히 대상과는 모순될 가능성이 있다"(A59=B84)고 하는 경우다. 어떠한 인식이든 모순율에 따르지 않으면 안 되지만, 그렇다고 해서 바로, 그 인식이 대상과도 반드시 합치한다고는 할 수 없다. 왜냐하면, 〔②〕 애초에 종래의 "일반논리학은 인식의 모든 내용 즉 인식과 **객관의 모든 관련을 도외시하기**"(A55=B79) 때문이다.

진리는 **인식과** 대상의 합치인 한, 모순율은 "적어도 진리의 소극적인 시금석이기는 하다"(A60=B84). 하지만 그와 동시에, 〔③〕 진리는 어디까지나 인식과 **대상의 합치**이기도 하다. 따라서 〔④〕 모순율이 진리의 '보편적이고 충분한 기준', 즉 진리의 충분조건 혹은 적극적 조건을 제시하는 것은 원리상 불가능하다.

이상과 같이, 종래의 형식논리학이 진리의 논리학이 될 수 없는 이유, 즉 그것에 따른다면 인식 일반이 대상 일반과 항상 합치할 수밖에 없는 '보편적이고 충분한 기준'을 제시할 수 없는 이유가 밝혀졌다. 이상의 것에 입각하여, 이 절의 모두에서 인용한 「분석론」의 정의를 다시 한 번 보도록 하자.

> "순수 오성 인식의 요소들과, 그것 없이는 **어떠한 대상도 전혀 사유될 수 없는** 원리들을 논하는 초월론적 논리학의 이 부문은, 초월론적 분석론이며, 또한 동시에 진리의 논리학이다."(A62=B87)

이처럼 「분석론」은, 종래의 논리학처럼 대상과의 관련을 도외시한 순전한 사유의 형식이 아니라, 어디까지나 **대상에 대한** 사유의 형식을 문제시한다. 즉 종래의 논리학과 「분석론」의 근본적인 차이는 다음과 같은 것에 있다고 말할 수 있을 것이다.[53]

- 종래 논리학의 모순율: 대상과의 관련을 도외시한 순전한 사유의 형식적 조건에 불과하다.
- 「분석론」의 범주: 그것에 따른다면 사유는 단지 형식적인 사유가 아니라 대상과의 내용적 관련을 갖는 인식이 될 수밖에 없는 조건이다.

더 나아가서는, 위와 같은 종래의 논리학과 「분석론」의 서로 다름은 다음과 깊게 결부되어 있다.

> "일반논리학은 표상들이 어디로부터 유래하든, 그 표상들에 적용될 수 있는 오성 형식만을 다룬다."(A56=B80)
>
> "일반논리학은 인식의 모든 내용을 도외시하고, 어디로부터든, 다른 곳으로부터 표상들이 자신에게 주어지기를 기대한다."(A76=B102)

53 「초월론적 논리학」의 「서론」 Ⅱ 「초월론적 논리학에 대하여」에서 종래의 형이상학과 「분석론」은 다음과 같이 대비되고 있다. "일반논리학은 인식의 모든 내용 즉 인식과 객관의 모든 관계를 도외시하고, 인식들 상호 간의 관계에서의 논리적 형식만을 고찰한다. 〔그에 반해〕 … 인식의 모든 내용을 도외시하지 **않는** 논리학이 있을 수 있다."(A55=B79f.)

즉 대상과의 관련을 도외시하는 종래의 논리학에서는, 사유되는 표상들이 우리에 의해서 자의적으로 만들어진 것인가, 그렇지 않으면 우리의 직관에 주어지는 것인가가 애초에 문제조차 되지 않았다. 하지만 사유되는 표상들이 단지 상상된 것이 아니라 주어진(gegeben) 것인 경우에만, 그 사유는 대상과 관련을 가지며, 그리고 그때야말로 사유는 한낱 사유에 불과한 것이 아니라 인식이 된다. 따라서, 이 점을 간과하고 있는 종래의 논리학은 진리에 관해서 중대한 결점을 가진다고 말하지 않을 수 없다.

이에 반해서 「분석론」은 종래의 논리학과는 달리, 우리가 스스로 만들어 낸 표상들이 아니라, 어디까지나 **대상과의 관련을 갖는 한에서의** 표상들을 사유하기 위한 오성 형식을 다룬다. 그리고 「분석론」은, 대상과의 관련을 갖는 표상들을 사유하기 위해서는 따르지 않으면 안 되는 기준 내지 조건(범주)을 제시함으로써, 동시에 진리의 논리학일 수 있는 가능성을 가진다.

그렇지만 지금까지의 논의에서 확인된 것은 어디까지나, 「분석론」은 동시에 진리의 논리학**일 수 있다**는 것뿐이다. 그러나 이것만으로는 「분석론」이 "동시에 진리의 논리학**이다**"라고까지는 말할 수 없다. 왜냐하면 범주는, 대상과의 관련을 가지는 표상들을 미리 전제한 뒤, 단지 그 표상들이 사유되기 위한 조건에 불과하기 때문이다. 즉, 범주에 따라서 사유되는 표상들 그 자체가 대상과의 관련을 가지기 위한 조건이 아직 불문에 부쳐진 채로 있다. 따라서, 범주에 따라서 사유되는 표상들이란 항상 대상과의 관련을 갖는 것이라고 하는 것이 암묵적으로 전제되고 있는 한, 그러한 표상들이 대상과의 관련을 가질 수 밖에 없는 조건이 "우선 논리학의 밖에서"(A60=B85) 밝혀짐으로써, 비로소 「분석론」은 동시에 진리의 논리학이라고 말할 수 있을 것이다.

칸트는 「감성론」의 모두에서 다음과 같이 말하고 있다.

> "예컨대 어떠한 방식으로든, 또한 어떠한 수단을 통해서 인식이 대상들과 관련한다고 하더라도, 그것을 통해서 인식이 대상과 직접 관련하고, 그리고 수단으로서의 모든 사유가 목표로 하는 것은, **직관**이다."(A19=B33, 강조는 칸트)

이처럼 대상과 직접 관련하는 직관을 매개로 해서 간접적으로만 대상과 관련할 수 있는 한, 오성의 범주(수단)는 항상 직관(목표)을 지향하는 것이다. 바꿔 말하면, 오성의 범주에 따라 사유되는 표상들이 직관에서 주어지기 때문에 비로소 인식은 대상과 관련할 수 있다.[54] 더 나아가 대상과의 관련을 갖는다고 하는 그 직관이란, 감성의 공간 · 시간 형식에서만 주어지는 것이다. 바꿔 말하면 「감성론」은, 오성의 범주에 의해 사고되는 표상들 그 자체의 대상과의 관련 여하를 판명하기 위한 기준을 제시하는 것이다.

이상과 같이 「분석론」은 종래의 논리학과는 다르게, 대상이 어떻게 주어지는가라는 것까지를 밝히는 「감성론」에 의거하고 있기 때문

54 "만약 어떤 인식이 … 어떤 대상과 관련하고, 그 대상에서 의미와 의의를 가져야만 한다면, 어떠한 방식으로든 그 대상이 **주어지는 것이** 가능하지 않으면 안 된다. 이것 없이는 개념들은 공허하고 … 표상들과의 단순한 유희에 지나지 않는다."(A155=B194)

에, 대상들의 차이를 도외시하면서도 대상과의 관련을 잃지 않는 것이다.

그런데, 앞 절에서 확인하였듯이 칸트에게 진리란 단지 인식이 대상과의 관련을 갖는 것뿐만 아니라, 나아가 그 인식이 대상과 합치하는 것이다. 게다가 코페르니쿠스적 전회를 행한 칸트에게 인식과 대상의 합치란, 인식이 대상에 따르는 방식에 의한 합치가 아니라, 대상이 인식에 따르는 것에 의한 합치를 의미한다. 그리고 또한, 우리의 인식은 직관을 통해서만 대상과 관련할 수 있는 한, 진리란, 대상과 관련을 갖는 직관이 인식에 따르는 것에 의한 합치라고 말할 수 있겠다.

> "대상과의 관련이란, 표상들의 결합을 어떤 방식으로 필연적이게 하는 것, 또한 표상들을 어떤 법칙에 따르게 하는 것과 다름없다."(A197=B242)

이처럼 인식과 대상의 합치는, 감성의 형식인 공간과 시간에서 주어지는 직관의 다양한 것이 오성의 범주에 따름으로써 성립하는 것이다. 그러므로, 모든 개별적 인식이 그 인식의 대상(직관)과 합치할 수 있기 위한 보편적이고 확실한 기준 혹은 조건(오성의 규칙)을 제시하는 「분석론」은, 동시에 진리의 논리학인 것이다.

지금까지 우리는, 칸트가 진리를 인식과 대상의 합치로 정의하면서, 「분석론」을 어떠한 의미에서 진리의 논리학이라고 불렀는지에 대한 이유를 보아 왔다. 이미 확인했듯이 「분석론」은 초월론적 관념론을 직접적으로 증명하는(A506=B5340) 「감성론」을 전제해서만 진리의 논리학이 될 수 있는 것이다. 즉, 「분석론」이 동시에 진리의 논리학이라는 것은, 암묵적으로 초월론적 관념론에 의해 떠받쳐져 있다고 말할 수 있겠다. 따라서, 칸트의 진리 개념에 대한 이해를 한층 깊게 하기 위해서, 진리의 논리학으로서의 「분석론」의 측면뿐만 아니라, 「분석론」의 배경을 이루고 있는 초월론적 관념론의 측면에서도 다시 한 번 진리는 인식과 대상의 합치라고 하는 것의 내실에 대하여 고찰해 보도록 하자.

4. 초월론적 관념론과 진리, 그리고 세계

초월론적 관념론이라는 칸트의 철학적 입장으로부터 그의 진리 개념을 더욱더 음미하기 위해서, 지금까지의 논의를 다시 한 번 확인해 두자.

① 진리는 인식과 대상의 합치다.
② 인식과 대상은, 인식이 대상에 따르는 것이 아니라 대상이 인식에 따르는 것에 의한 합치다.
③ 그때 인식과 합치하는 대상이란 직관되는 한에서의 대상이다.
④ 우리의 인식은 직관 내지는 지각을 통해서만 대상과 관련할 수 있으므로, 대상이 인식에 따른다는 것은 지각이 인식에 따름을

의미한다.

이러한 논의에 의해, 진리에서 인식과 대상의 관계, 혹은 인식과 지각의 관계가 밝혀졌다. 하지만, 아직 지각과 대상의 관계가 밝혀지지 않고 있다. 왜냐하면, 지각이 인식 형식(감성의 공간 · 시간, 오성의 범주)에 따른다고 해서, 지각되는 대상 그 자체까지도 인식에 따른다고 단언할 수는 없기 때문이다. 따라서 이하에서는 지각되는 대상이 어떠한 존재 성격을 갖는 것인가를 확인하면서, 지각과 지각되는 대상의 관계를 밝히도록 하자. 그러한 고찰에 의해 칸트의 진리 개념도 보다 선명해질 것이라고 생각된다.

초월론적 관념론에서 지각되는 대상이란 애초에 어떠한 것인가는, 『순수이성비판』 제1판의 「변증론」「제4오류추리」로부터 확인할 수 있다.

> "내감의 대상과 외감의 대상은 표상 이외의 아무것도 아니고, 그것들의 직접적 지각(의식)은 동시에 그것들의 현실성의 충분한 증명이다."(A371)

이 인용에서, 인식에서 지각되는 대상이란 그 자체로 존재하는 물자체가 아니라, 어디까지나 표상 혹은 현상이라고 하는 것이 명확하게 제시되어 있다. 왜냐하면, 대상은 공간에서만 지각될 수 있지만, "공간 그 자체는 우리 안의 것이기"(A370) 때문이다. 바꿔 말하면, 지각되는 대상을 물자체가 아니라 표상(현상)이게끔 하는 것이, 감성의 공간(시간) 형식과 다름없다. 따라서 초월론적 관념론에서는, 지각이 인식의 대상에 따른다는 것은 동시에 지각되는 대상이 인식의 형식에 따름을 의미하게 된다.

앞 절에서 확인하였듯이, 진리는 지각을 통한 인식과 대상의 합치다. 그런데, 지각되는 대상 그 자체가 표상으로서 우리 안의 것이라고 한다면, 진리가 단순히 우리의 인식(판단)에서만 나타날 뿐만이 아니라, 진리의 원천조차도 우리 안에 있게 될 것이다. 실제로 칸트는 "오성의 규칙들은 모든 진리 즉 우리의 인식과 대상들의 합치의 **원천**(Quell)이다"(A237=B296)라고 말하고 있다.

이상과 같은 칸트의 진리론은, 어디까지나 지각을 통해 인식의 형식과 합치하는 대상이 물자체가 아니라 **표상**(현상)이라고 하는 것에 기초하고 있다. 그러나, 지각되는 대상의 존재 성격이 단순한 표상에만 한정되지 않음을 『순수이성비판』 제2판의 「관념론논박」(이하 「논박」으로 약기)으로부터 간취할 수 있다. 이처럼 지각되는 대상의 존재 성격이 단순한 표상으로부터 확장된다고 한다면, 당연하지만 그에 따라 인식과 대상의 합치인 진리 그 자체의 의미도 확장될 수밖에 없을 것이다.[55] 따라서 이하에서는, 「논박」의 논의를 살펴봄으로써, 보다 확장된 칸트 진리론의 전개를 밝히도록 하자.

55 따라서 초월론적 관념론이라는 칸트의 철학적 입장과 그의 진리 개념의 관계를 「제4오류추리」에만 한정한 다음의 종래 해석은 칸트 진리론의 한 측면밖에 파악하고 있지 않다고 말할 수 있을 것이다. Vanzo (2010b, 54-80); Paek (2005, 147-160); 出口(2009, 41-58).

"지속적인 것의 지각은 내 밖의 **사물**(Ding)을 통해서만 가능하며, 내 밖의 사물의 단순한 **표상**(die bloße Vorstellung eines Dinges)을 통해서는 가능하지 않다."(B275, 강조는 칸트)

이처럼, 지각되는 대상은 단순히 '내 밖의 사물의 표상'에 한정되는 것이 아니라, 표상이면서 **게다가** '내 밖의 사물' 바로 그것이기도 하다는 것을 확인할 수 있다. 그렇다면 단순한 표상으로부터 구별된 '내 밖의 사물'이란 어떠한 것인가? 바꿔 말하면, 애초에 '내 밖의 사물'을 특징짓는 '내 밖의(außer mir)'라는 표현의 의미를 어떻게 이해하면 좋겠는가?

위의 인용으로부터 알 수 있듯이 칸트는 '내 밖의 사물'을, 그것의 단순한 표상으로부터 의식적으로 구별하고 있다. 「제4오류추리」의 논의에서 확인하였듯이 공간에서의 표상(현상)은 경험적으로는 내 밖의 것이지만, 초월론적으로는 공간 그 자체가 내 감성의 형식인 한, 표상은 초월론적으로는 내 안의 것이다. 하지만, 「논박」에서의 '내 밖의 사물'은, 경험적으로는 내 밖의 것이면서 동시에 초월론적으로는 내 안의 것인 표상으로부터 구별되고 있다. 따라서 「논박」에서의 사물이 '내 밖의' 사물이라는 것을, 「제4오류추리」처럼 경험적인 의미로 파악하는 것은 불가능할 것이다.

그렇다면, 표상이 아니라 사물에 관련된다고 하는 '내 밖의'라는 표현은, 경험적이 아니라 초월론적인 밖을 의미하게 되는 것인가? 얼핏 보면, 초월론적 의미에서 내 안의 것인 표상으로부터 구별되는 초월론적 의미에서의 '내 밖의 사물'이란, 물자체를 의미하는 것처럼도 보인다. 하지만 칸트는 초월론적으로 밖에 있는 사물과 우리는 "**직접적** 의식〔지각〕"(B277Anm., 강조는 칸트)을 통해서 결부되어 있다고 말하고 있다. 만약 초월론적인 의미에서의 '내 밖의 사물'이 우선 물자체로서 존재하고, 다음에 그것이 지각된다고 한다면, 그러한 사물과 우리의 관계는 직접적이 아니라 간접적일 수밖에 없을 것이다. 그뿐만 아니라, 물자체의 존재를 전제하는 경우에는, 초월론적 관념론자인 칸트는 스스로가 비판하는 "초월론적인 의미에서의 실재론자"(A491=B519)가 되고 말 것이다.

따라서 초월론적인 '내 밖의 사물'이 초월론적인 '내 안의 표상'이 아니라고 해서, 그것이 곧바로 물자체를 의미하는 것이 아니게 된다. 여기에 이르러서 처음으로 초월론적인 '내 밖의 사물'이란 도대체 무엇을 의미하는가가 다시 한 번 묻지 않으면 안 되는 문제로서 생겨난다. 이 물음은 분명 우리를 초월론적 관념론 그 자체에 대해 재고하도록 이끌 것이다.[56]

지금까지 보아 왔듯이, 초월론적 관념론이란 지각되는 대상을 표상(현상)으로 여기는 입장이다(「제4오류추리」). 하지만, 그와 동시에 칸트는, 그때 지각 그 자체가 초월론적으로 내 안에 있는 단순한 표상뿐만 아니라, 초월론적으로 내 밖에 있는 사물 바로 그것에까지 침투하고 있다고 여긴다(「논박」).[57] 그러한 한, 칸트의 초월론적 관념론이

---

56 「논박」에 대한 상세한 논의는 본서의 제2장을 참조하길 바란다.

57 이하에서는, '내 안' 및 '내 밖'이라는 낱말은 경험적이 아니라 초월론적인 '내 안' 및 '내

란 결코 모든 것을 내 안에 가두어 버리는 폐쇄된 절대적 관념론이 아니다. 오히려 초월론적 관념론은, 지각되는 대상을 내 안의 표상으로 간주하면서도, 바로 그 지각에 의해 내 밖의 사물과 결부되어 있는 열려 있는 상대적인 관념론으로 해석하는 것이 허락되지 않겠는가.

그렇다면, 위와 같이 확장된 의미에서의 초월론적 관념론이란, 그리고 또한 내가 그것에로 열려 있는 '내 밖의 사물'이란 도대체 어떠한 것일까? 바꿔 말하면, 초월론적 관념론의 입장 그 자체와 깊은 관계에 있는 (현상도 물자체도 아닌 양의적 성격을 갖는) '내 밖의 사물'을, 칸트의 경험 이론에서 어떻게 자리매김할 수 있겠는가? 생각건대, 그러한 '내 밖의 사물'이란 「변증론」에서 전개되고 있는 세계 이념을 단서로 해서 파악하는 것이 가능하지 않겠는가? 칸트는 「순수이성의 이율배반」의 제7절 「이성의 자기 자신과의 우주론적 논쟁의 비판적 해결」[58]에서 다음과 같이 말하고 있다.

> "모든 장소〔공간〕는 **우주**〔세계〕 내에서만 존재하며, 따라서 이 우주〔세계〕 자신은 어떠한 장소〔공간〕에도 존재하지 **않는다**."
> (A502=B530, 강조는 칸트)

공간에서의 대상은, 공간 그 자체가 우리 감성의 형식인 한, 우리

밖'이라는 의미로 사용한다.

58 주지하듯이 이 절에서 칸트는, 세계를 물자체로 여김으로써 이율배반에 빠지고 마는 종래의 형이상학을 비판하며, **세계를 물자체가 아니라 이념으로 여김으로써만** 세계에 관한 이율배반이 해결된다고 주장하고 있다.

안의 것이지만, 위의 인용에 의하면, 그러한 공간조차도 어디까지나 세계 내의 것임을 알 수 있다. 따라서 내 안의 현상(표상)은 공간(과 시간)에 있는 것이면서 **동시에** 세계 내(內)의 사물이라고 말할 수 있겠다. 하지만 세계 그 자체는, 현상처럼 내 감성의 형식인 공간 안의 것이 아니기 때문에, '내 밖의 사물'로서 자리매김할 수 있게 된다.

더 나아가서는, 이렇게 확장된 의미에서의 초월론적 관념론에서 '내 안'이란 밖을 가지지 않는 안이기는 하나, 그러나 그 안이란 닫힌 것이 아니라 항상 이미 세계에로 열려 있는 안을 의미하는 것이다. 또한 그러한 한, 인식과 지각되는 대상의 합치인 진리에 관해서도 그것이 결코 내 안에 갇힌 진리가 아니라, 세계에로 열려진 진리라고 말할 수 있지 않겠는가. 왜냐하면, 지각이 인식의 형식에 따름으로써 인식과 표상으로서의 대상이 내 안에서 합치하지만, 그러한 내 안의 합치에서의 지각 그 자체는 (내 안의 표상뿐만 아니라) 내 밖의 사물로서의 세계와도 결부되어 있기 때문이다.

지각과 표리관계를 이루고 있는 내 안의 표상에 대한 지각과, 내 밖의 사물에 대한 지각의 관계에 대하여 칸트는 다음과 같이 말하고 있다. "내적 경험 그 자체는 간접적으로만 또한 외적 경험에 의해서만 가능하다."(B277) 즉 내 밖의 사물로서의 세계의 지각은 항상 이미 내 안의 표상의 지각을 떠받치고 있다고 말할 수 있겠다.

그런데, 사물**의 표상**의 지각과는 다르게, 사물 **바로 그것**의 지각을 나의 인식 형식에 따르게 하는 것은 불가능할 것이다. 왜냐하면 만약 그러한 경우에는, 칸트가 스스로 설정한 내 안의 "**주어지는**

(gegeben)"(A498=B526, 강조는 칸트) **현상**(표상)**과 내 밖의 "부과되는** (aufgegeben)"(Ibid., 강조는 칸트) **세계**(이념) **사이의 존재론적 차이가 사라져 버리기 때문이다.**[59] 게다가, 세계의 지각이 순수 오성 개념으로서의 인식의 형식에 따르지 않는다는 것은 동시에, 나의 오성적 인식이 세계 이념과 완전히 합치하는 것은 결코 있을 수 없다는 것 또한 의미하게 될 것이다.

이상과 같이, 우리의 인식은, 인식의 형식에 따르는 지각을 통해서 사물의 표상으로서의 현상과 항상 합치하도록 이미 결정되어 있다. 하지만 그러한 합치의 근저에는, 인식의 형식에 따르지 않는 지각을 통한 나의 인식과 (사물의 표상이 아닌) 사물 바로 그것으로서의 세계와의, 원리상 합치할 수 없는, 미규정적인 관계가 숨겨져 있다고 말할 수 있을 것이다.

하지만, 칸트는 「분석론」은 진리의 논리학이고, 그에 반해 「변증론」은 "**가상의 논리학**"(A61=B85, A293=B349, 강조는 칸트)으로 자리매김하고 있다. 즉 "범주들은, 진리 즉 우리의 개념들과 객관의 합치로 이끌지만, 이념들은 단지 하지만 피할 수 없는 가상을 생기게 한다"(A642=B671). 이처럼 오성의 범주와는 다르게, 이성의 이념은 진리가 아니라 가상으로 우리를 이끈다고 칸트는 말하고 있다. 그렇다고 한다면, 애초에 『순수이성비판』에서의 진리 개념을 해석할 때에, 「변증론」에서의 세계 이념을 들고나오는 것 따위는 있어서는 안 되는

59 칸트는 「순수이성의 이율배반」에서, 〈주어지는 것으로서의 현상〉과 〈부과되는 것으로서의 세계〉의 구별을 일관되게 행하고 있다.

것이 아닌가라고 하는 반론이 생길지도 모르겠다. 그러나 칸트는 「초월론적 변증론에의 부록」에서 다음과 같이 말하고 있다.

> "순수 이성의 이념들은 결코 그 자체만으로 변증적일 수 없고, **이념들의 오용만이** 그 이념들로부터 기만적 가상이 우리에게 있어서 생겨나지 않을 수밖에 없게 하는 것에 불과하다."(A669=B697)

이 인용으로부터 알 수 있듯이, 범주에 의한 오성 인식의 체계적 통일을 목표로 하는 이성은, 처음부터 가상으로서의 이념을 낳는 것이 아니라 이념 그 자체가 잘못 사용되었을 경우에만 가상이 생겨나는 것이다. 따라서 칸트의 진리 개념의 내실을 세계 이념과의 관계에 근거해서 밝히고자 하는 우리의 해석은, 칸트의 경험 이론과 모순되지 않는다고 말할 수 있겠다. 나아가 다음을 고려하면, 우리의 해석이 칸트에 반하기는커녕 오히려 칸트의 뜻에 맞다고 생각된다.

> "가언적 이성 사용은 오성 인식의 체계적 통일을 목표로 하지만, 이 체계적 통일은 규칙들의 **진리성의 시금석**이다."(A647=B675, 강조는 칸트)

이미 확인했듯이, 감성의 형식으로서의 공간과 시간을 전제한 오성의 범주는 진리의 시금석, "원천"(A318=B375), "증서"(A751=B779)였다. 그러나 위 인용에서는, 그러한 오성의 범주 그 자체의 시금석으로서 이성에 의한 이념을 내세우고 있다. 즉 **이성의 이념은, 오성의**

범주가 초월론적 진리일 수 있음을 보증하는 것이다. 게다가 칸트는, 이성의 이념과 오성의 범주가 갖는 진리성 사이의 관계에 대하여 다음과 같이 말하고 있다.

> "이성 없이는, 서로 관련하는 어떠한 오성 사용도 가질 수 없고, 또한 이 오성 사용이 없는 곳에서는 경험적 진리의 충분한 징표를 가질 수 없게 된다. 따라서 우리는 경험적 진리의 충분한 징표에 관해서는, 어쩔 수 없이 자연의 체계적 통일을 객관적으로 타당한 그리고 필연적인 것으로서 전제하지 않으면 안 된다."(A651=B679)

즉 오성의 범주가 초월론적 진리일 수 있기 위해서는, (이 장의 제3절에서 보았듯이) 감성의 공간 · 시간 형식을 전제하지 않으면 안 될 뿐만 아니라, 이성의 이념도 전제하지 않으면 안 되는 것이다.

이렇게 해서, 칸트의 진리 개념은, 그것을 「변증론」에서의 세계 이념과의 관련까지 넓혀 해석하는 것이 허락된다고 생각한다. "어떤 객관과의 모든 관련(Beziehung), 따라서 모든 진리"(A63=B87)라든지, "진리 즉 대상과의 관련"(A489=B517)이라는 표현으로부터 알 수 있듯이, 칸트는 진리를 좁은 의미에서는 인식과 대상의 합치라고 여기지만, 그러나 또한 넓은 의미에서는 인식과 대상의 '관련'으로도 표현하고 있다. 즉, 내 안의 표상(현상)의 경우와는 다르게 나의 인식과 내 밖 세계의 완전한 합치는 물론 불가능한 것이지만, 그러한 경우에조차 나와 세계는 지각을 통해서 '관련'을 갖고 있다는 점에서는 진리에 관계하고 있다고 말할 수 있을 것이다. 이리하여, 인식의 형식에 따르는 지각을 통한 현상과의 합치인 진리는, 실은 인식의 형식에 따르게 할 수 없는 지각을 통한 세계와의 '관련'을 잉태하고 있었던 것이다.

5. 나가는 말

이 장에서 우리는 지각을 통한 인식과 대상의 합치인 진리에 대하여 고찰하면서, 인식의 형식에 따르는 지각과 더불어 인식의 형식에 따르지 않는, 세계 이념과 관계하는 지각을 확인했다. 그리고 또한 「논박」에서의 칸트의 논의를 발판으로 하여, 인식의 형식에 따르지 않는 지각과 결부되어 있는 '내 밖의 사물'을 초월론적 관념론이라는 칸트의 철학적 입장을 되묻기 위한 중요한 실마리로서 받아들였다. 그렇게 함으로써 보다 풍부한 가능성을 가질 수 있는 초월론적 관념론 안에 '내 밖의 사물'을 세계 이념을 단서로 자리매김하고, 이를 통해 인식과 현상의 합치로서의 진리뿐만 아니라, 그러한 진리의 기반을 이루고 있는 인식의 형식과 세계의 '관련'도 발견할 수 있었다. 인식의 형식과 현상의 합치인 진리의 배경을 이루면서 그러한 진리를 가능하게 하는 초월론적 진리조차도 이미 전제하고 있는 세계와의 '관련'은, 오성적 인식과 세계의 이념적 합치에 이르는 도상에 언제나 머무르는, 원리상 미완의 것이라고 말할 수 있지 않겠는가.

참고문헌

Lehmann, G. (1958/59), "Kants Widerlegung des Idealismus", in: *Kant-Studien* 50.

Paek, C. (2005), "Kant's Theory of transcendental Truth as Ontology", in: *Kant-Studien* 96.

Paton, H. J. (1965), *Kant's Metaphysics of Experience*, London.

Phillips, J. (2008), "Truth, Knowledge and the Thing in it self", in: V. Rohden, R. R. Terra, G. A. de Almeida, M. Ruffing (ed.), *Recht und Frieden in der Philosophie Kants* 2, Berlin.

Prauss, G. (1969), "Zum Wahrheitsproblem bei Kant", in: *Kant-Studien* 60.

Skorpen, E. (1968), "Kant's Refutation of Idealism", in: *Journal of the Histroy of Philosophy* 6.

Vanzo, A. (2010a), "Kant on the nominal Definition of Truth", in: *Kant-Studien* 101.

_____ (2010b), "Kant, Skepticism, and the Comparison Argument", in: P. Muchnik (ed.), *Rethinking Kant* 2, Cambridge.

出口康夫(2009),「真理対応説の擁護:実在論とロバストネス」,『日本カント研究10』, 日本カント協会編, 理想社.

나가면서

이 책은 2015년 1월 일본 규슈대학 대학원 인문과학부에서 통과된 박사 학위 논문을 번역한 것이다. 2008년 3월 도일하여 석사 과정부터 시작된 7년여간의 칸트 연구의 결과물이다. 번역하는 과정에서, 부분적인 수정 및 보완은 이루어졌으나 전체적인 입장은 그대로 유지되었다. 연구 또한 삶 속에서 이루어지는 것인 한, 이 연구물은 청춘의 그것처럼 새파랗기에 부끄러워질 수밖에 없다. 단지 칸트의 연구를 위한 연구가 아니라 어디까지나 칸트를 통해 철학을 하기 위해, 두려워하면서도 그 거인과 대화하고 또한 대결하고자 했다.

근본적인 또한 전체적인 관점에서 세계를 탐구하고자 하는 철학이라는 학문의 특성상, 결코 칸트는 근대라는 시대에 머무를 수 없다. 당연하지만 칸트라는 개인의 철학에는 그에 이르기까지의 전인류의 역사, 문화, 사유가 숨쉬고 있다. 이와 마찬가지로 모든 새로운 철학, 과학 및 여타 학문도 무(無)로부터 돌연 나온 것이 아니라, 직접적이든 간접적이든, 긍정적이든 부정적이든, 칸트를 거쳐서 태어났다. 마치 과학주의가 유일한 진리인 것처럼 여겨지는 시대를 살아가고 있는 현대의 우리는 물론, 이 다음에 올 또 다른 주의의 시대를 살아가게 될 인류 역시도, 각각의 시대의 눈으로 칸트를 바라봄으로써 칸트의 눈을 통해 자신의 시대를 비로소 마주 볼 수 있을 것이다.

저자의 능력이 턱없이 부족함을 잘 알고 있으나, 이 책이 칸트 이론 철학의 또 다른 이해를 위한 단초가 되기를 감히 희망해 본다. 마지막으로, 칸트를 통한 학문의 길로 나아가게 도와주신 규슈대학 쓰부라야 유지 선생님, 학부 때부터 지켜봐주신 부산대학교 손영삼 선생님, 출판을 도와주신 울산대학교 이상엽 선생님, 북코리아 이찬규 대표님, 송새롬 편집 담당자님, 그리고 가족에게 깊은 감사의 말씀을 드린다.

2017년 8월 25일

박수범